Colección de guías de conversación "¡Todo irá bien!"

T&P Books Publishing

GUÍA DE CONVERSACIÓN

— FRANCÉS —

LAS PALABRAS Y LAS FRASES MÁS ÚTILES

Esta Guía de Conversación contiene las frases y las preguntas más comunes necesitadas para una comunicación básica ... anjeros

Guía de conversación + diccionario de 3000 palabras

Guía de conversación Español-Francés y vocabulario temático de 3000 palabras

por Andrey Taranov

La colección de guías de conversación para viajar "Todo irá bien" publicada por T&P Books está diseñada para personas que viajan al extranjero para turismo y negocios. Las guías contienen lo más importante - los elementos esenciales para una comunicación básica. Éste es un conjunto de frases imprescindibles para "sobrevivir" mientras está en el extranjero.

Este libro también incluye un pequeño vocabulario temático que contiene alrededor de 3.000 de las palabras más frecuentemente usadas. Otra sección de la guía proporciona un glosario gastronómico que le puede ayudar a pedir los alimentos en un restaurante o a comprar comestibles en la tienda.

T&P Books Publishing
www.tpbooks.com

ISBN: 978-1-78492-666-3

Este libro está disponible en formato electrónico o de E-Book también.
Visite www.tpbooks.com o las librerías electrónicas más destacadas en la Red.

PREFACIO

La colección de guías de conversación para viajar "Todo irá bien" publicada por T&P Books está diseñada para personas que viajan al extranjero para turismo y negocios. Las guías contienen lo más importante - los elementos esenciales para una comunicación básica.Éste es un conjunto de frases imprescindibles para "sobrevivir" mientras está en el extranjero.

Esta guía de conversación le ayudará en la mayoría de los casos donde usted necesite pedir algo, conseguir direcciones, saber cuánto cuesta algo, etc. Puede también resolver situaciones difíciles de la comunicación donde los gestos no pueden ayudar.

Este libro contiene una gran cantidad de frases que han sido agrupadas según los temas más relevantes. Esta edición también incluye un pequeño vocabulario que contiene alrededor de 3.000 de las palabras más frecuentemente usadas.Otra sección de la guía proporciona un glosario gastronómico que le puede ayudar a pedir los alimentos en un restaurante o a comprar comestibles en la tienda.

Llévese la guía de conversación "Todo irá bien" en el camino y tendrá una insustituible compañera de viaje que le ayudará a salir de cualquier situación y le enseñará a no temer hablar con extranjeros.

TABLA DE CONTENIDOS

T&P Books Publishing

PRONUNCIACIÓN

La letra	Ejemplo francés	T&P alfabeto fonético	Ejemplo español

Las vocales

A a	cravate	[a]	radio
E e	mer	[ɛ]	mes
I i [1]	hier	[j]	asiento
I i [2]	musique	[i]	ilegal
O o	porte	[o], [ɔ]	bolsa
U u	rue	[y]	pluma
Y y [3]	yacht	[j]	asiento
Y y [4]	type	[i]	ilegal

Las consonantes

B b	robe	[b]	en barco
C c [5]	place	[s]	salva
C c [6]	canard	[k]	charco
Ç ç	leçon	[s]	salva
D d	disque	[d]	desierto
F f	femme	[f]	golf
G g [7]	page	[ʒ]	adyacente
G g [8]	gare	[g]	jugada
H h	héros	[h]	[h] muda
J j	jour	[ʒ]	adyacente
K k	kilo	[k]	charco
L l	aller	[l]	lira
M m	maison	[m]	nombre
N n	nom	[n]	número
P p	papier	[p]	precio
Q q	cinq	[k]	charco
R r	mars	[r]	R francesa (gutural)
S s [9]	raison	[z]	desde
S s [10]	sac	[s]	salva
T t	table	[t]	torre
V v	verre	[v]	travieso
W w	Taïwan	[w]	acuerdo

La letra	Ejemplo francés	T&P alfabeto fonético	Ejemplo español
X x [11]	expliquer	[ks]	taxi
X x [12]	exact	[gz]	inglés - exam
X x [13]	dix	[s]	salva
X x [14]	dixième	[z]	desde
Z z	zéro	[z]	desde

Las combinaciones de letras

ai	faire	[ɛ]	mes
au	faute	[o], [o:]	correa
ay	payer	[eɪ]	béisbol
ei	treize	[ɛ]	mes
eau	eau	[o], [o:]	correa
eu	beurre	[ø]	alemán - Hölle
œ	œil	[ø]	alemán - Hölle
œu	cœur	[ø:]	inglés - first
ou	nous	[u]	mundo
oi	noir	[wa]	aduanero
oy	voyage	[wa]	aduanero
qu	quartier	[k]	charco
ch	chat	[ʃ]	shopping
th	thé	[t]	torre
ph	photo	[f]	golf
gu [15]	guerre	[g]	jugada
ge [16]	géographie	[ʒ]	adyacente
gn	ligne	[ɲ]	leña
on, om	maison, nom	[ɔ̃]	[o] nasal

Comentarios

[1] delante de vocales
[2] en el resto de los casos
[3] delante de vocales
[4] en el resto de los casos
[5] delante de **e, i, y**
[6] en el resto de los casos
[7] delante de **e, i, y**
[8] en el resto de los casos
[9] entre dos vocales
[10] en el resto de los casos
[11] la mayoría de los casos
[12] rara vez
[13] en **dix, six, soixante**

[14] en **dixième, sixième**
[15] delante de **e, i, u**
[16] delante de **a, o, y**

LISTA DE ABREVIATURAS

Abreviatura en español

adj	-	adjetivo
adv	-	adverbio
anim.	-	animado
conj	-	conjunción
etc.	-	etcétera
f	-	sustantivo femenino
f pl	-	femenino plural
fam.	-	uso familiar
fem.	-	femenino
form.	-	uso formal
inanim.	-	inanimado
innum.	-	innumerable
m	-	sustantivo masculino
m pl	-	masculino plural
m, f	-	masculino, femenino
masc.	-	masculino
mat	-	matemáticas
mil.	-	militar
num.	-	numerable
p.ej.	-	por ejemplo
pl	-	plural
pron	-	pronombre
sg	-	singular
v aux	-	verbo auxiliar
vi	-	verbo intransitivo
vi, vt	-	verbo intransitivo, verbo transitivo
vr	-	verbo reflexivo
vt	-	verbo transitivo

Abreviatura en francés

adj	-	adjetivo
adv	-	adverbio
conj	-	conjunción
etc.	-	etcétera
f	-	sustantivo femenino

f pl	-	femenino plural
m	-	sustantivo masculino
m pl	-	masculino plural
m, f	-	masculino, femenino
pl	-	plural
prep	-	preposición
pron	-	pronombre
v aux	-	verbo auxiliar
v imp	-	verbo impersonal
vi	-	verbo intransitivo
vi, vt	-	verbo intransitivo, verbo transitivo
vp	-	verbo pronominal
vt	-	verbo transitivo

GUÍA DE CONVERSACIÓN FRANCÉS

Esta sección contiene frases importantes que pueden resultar útiles en varias situaciones de la vida real. La Guía le ayudará a pedir direcciones, aclaración sobre precio, comprar billetes, y pedir alimentos en un restaurante

T&P Books Publishing

CONTENIDO DE LA GUÍA DE CONVERSACIÓN

T&P Books Publishing

Lo más imprescindible

Perdone, ...	**Excusez-moi, ...** [ɛkskyze mwa, ...]
Hola.	**Bonjour** [bɔ̃ʒu:r]
Gracias.	**Merci** [mɛrsi]
Sí.	**Oui** [wi]
No.	**Non** [nɔ̃]
No lo sé.	**Je ne sais pas.** [ʒə nə sɛ pɑ]
¿Dónde? | ¿A dónde? | ¿Cuándo?	**Où? | Où? | Quand?** [u? | u? | kɑ̃?]

Necesito ...	**J'ai besoin de ...** [ʒe bəzwɛ̃ də ...]
Quiero ...	**Je veux ...** [ʒə vø ...]
¿Tiene ...?	**Avez-vous ... ?** [ave vu ...?]
¿Hay ... por aquí?	**Est-ce qu'il y a ... ici?** [ɛs kilja ... isi?]
¿Puedo ...?	**Puis-je ... ?** [pɥiʒ ...?]
..., por favor? (petición educada)	**..., s'il vous plaît** [..., sil vu plɛ]

Busco ...	**Je cherche ...** [ʒə ʃɛrʃ ...]
el servicio	**les toilettes** [le twalɛt]
un cajero automático	**un distributeur** [œ̃ distribytœ:r]
una farmacia	**une pharmacie** [yn farmasi]
el hospital	**l'hôpital** [lɔpital]
la comisaría	**le commissariat de police** [lə kɔmisarja də pɔlis]
el metro	**une station de métro** [yn stasjɔ̃ də metro]

un taxi	**un taxi** [œ̃ taksi]
la estación de tren	**la gare** [la gar]

Me llamo ...	**Je m'appelle ...** [ʒə mapɛl ...]
¿Cómo se llama?	**Comment vous appelez-vous?** [kɔmɑ̃ vuzaple-vu?]
¿Puede ayudarme, por favor?	**Aidez-moi, s'il vous plaît.** [ɛde-mwa, sil vu plɛ]
Tengo un problema.	**J'ai un problème.** [ʒe œ̃ prɔblɛm]
Me encuentro mal.	**Je ne me sens pas bien.** [ʒə nə mə sɑ̃ pɑ bjɛ̃]
¡Llame a una ambulancia!	**Appelez une ambulance!** [aple yn ɑ̃bylɑ̃:s!]
¿Puedo llamar, por favor?	**Puis-je faire un appel?** [pɥiʒ fɛr œn apɛl?]

Lo siento.	**Excusez-moi.** [ɛkskyze mwa]
De nada.	**Je vous en prie.** [ʒə vuzɑ̃pri]

Yo	**je, moi** [ʒə, mwa]
tú	**tu, toi** [ty, twa]
él	**il** [il]
ella	**elle** [ɛl]
ellos	**ils** [il]
ellas	**elles** [ɛl]
nosotros /nosotras/	**nous** [nu]
ustedes, vosotros	**vous** [vu]
usted	**Vous** [vu]

ENTRADA	**ENTRÉE** [ɑ̃tre]
SALIDA	**SORTIE** [sɔrti]
FUERA DE SERVICIO	**HORS SERVICE | EN PANNE** [ɔr sɛrvis | ɑ̃ pan]

CERRADO	**FERMÉ** [fɛrme]
ABIERTO	**OUVERT** [uvɛr]
PARA SEÑORAS	**POUR LES FEMMES** [pur le fam]
PARA CABALLEROS	**POUR LES HOMMES** [pur le zɔm]

Preguntas

¿Dónde?	**Où?** [u?]
¿A dónde?	**Où?** [u?]
¿De dónde?	**D'où?** [du?]
¿Por qué?	**Pourquoi?** [purkwa?]
¿Con que razón?	**Pour quelle raison?** [pur kɛl rɛzɔ̃?]
¿Cuándo?	**Quand?** [kɑ̃?]
¿Cuánto tiempo?	**Combien de temps?** [kɔ̃bjɛ̃ də tɑ̃?]
¿A qué hora?	**À quelle heure?** [a kɛl œ:r?]
¿Cuánto?	**C'est combien?** [sɛ kɔ̃bjɛ̃?]
¿Tiene ...?	**Avez-vous ... ?** [ave vu ...?]
¿Dónde está ...?	**Où est ..., s'il vous plaît?** [u ɛ ..., sil vu plɛ?]
¿Qué hora es?	**Quelle heure est-il?** [kɛl œr ɛ-til?]
¿Puedo llamar, por favor?	**Puis-je faire un appel?** [pɥiʒ fɛr œn apɛl?]
¿Quién es?	**Qui est là?** [ki ɛ la?]
¿Se puede fumar aquí?	**Puis-je fumer ici?** [pɥiʒ fyme isi?]
¿Puedo ...?	**Puis-je ...?** [pɥiʒ ...?]

Necesidades

Quisiera ...	**Je voudrais ...** [ʒə vudrɛ ...]
No quiero ...	**Je ne veux pas ...** [ʒə nə vø pɑ ...]
Tengo sed.	**J'ai soif.** [ʒe swaf]
Tengo sueño.	**Je veux dormir.** [ʒə vø dɔrmi:r]
Quiero ...	**Je veux ...** [ʒə vø ...]
lavarme	**me laver** [mə lave]
cepillarme los dientes	**brosser mes dents** [brɔse me dɑ̃]
descansar un momento	**me reposer un instant** [mə rəpoze œn ɛ̃stɑ̃]
cambiarme de ropa	**changer de vêtements** [ʃɑ̃ʒe də vɛtmɑ̃]
volver al hotel	**retourner à l'hôtel** [rəturne a lotɛl]
comprar ...	**acheter ...** [aʃte ...]
ir a ...	**aller à ...** [ale a ...]
visitar ...	**visiter ...** [vizite ...]
quedar con ...	**rencontrer ...** [rɑ̃kɔ̃tre ...]
hacer una llamada	**faire un appel** [fɛr œn apɛl]
Estoy cansado /cansada/.	**Je suis fatigué /fatiguée/** [ʒə sɥi fatige]
Estamos cansados /cansadas/.	**Nous sommes fatigués /fatiguées/** [nu sɔm fatige]
Tengo frío.	**J'ai froid.** [ʒe frwɑ]
Tengo calor.	**J'ai chaud.** [ʒe ʃo]
Estoy bien.	**Je suis bien.** [ʒə sɥi bjɛ̃]

Tengo que hacer una llamada. **Il me faut faire un appel.**
[il mə fo fɛr œn apɛl]

Necesito ir al servicio. **J'ai besoin d'aller aux toilettes.**
[ʒe bəzwɛ̃ dale o twalɛt]

Me tengo que ir. **Il faut que j'aille.**
[il fo kə ʒaj]

Me tengo que ir ahora. **Je dois partir maintenant.**
[ʒə dwa partir mɛ̃tnɑ̃]

Preguntar por direcciones

Perdone, ...	**Excusez-moi, ...** [ɛkskyze mwa, ...]
¿Dónde está ...?	**Où est ..., s'il vous plaît?** [u ɛ ..., sil vu plɛ?]
¿Por dónde está ...?	**Dans quelle direction est ... ?** [dɑ̃ kɛl dirɛksjɔ̃ ɛ ... ?]
¿Puede ayudarme, por favor?	**Pouvez-vous m'aider, s'il vous plaît?** [puve vu mɛde, sil vu plɛ?]
Busco ...	**Je cherche ...** [ʒə ʃɛrʃ ...]
Busco la salida.	**La sortie, s'il vous plaît?** [la sɔrti, sil vu plɛ?]
Voy a ...	**Je vais à ...** [ʒə ve a ...]
¿Voy bien por aquí para ...?	**C'est la bonne direction pour ...?** [sɛ la bɔn dirɛksjɔ̃ pur ...?]
¿Está lejos?	**C'est loin?** [sɛ lwɛ̃?]
¿Puedo llegar a pie?	**Est-ce que je peux y aller à pied?** [ɛskə ʒə pø i ale a pje?]
¿Puede mostrarme en el mapa?	**Pouvez-vous me le montrer sur la carte?** [puve vu mə lə mɔ̃tre syr la kart?]
Por favor muestreme dónde estamos.	**Montrez-moi où sommes-nous, s'il vous plaît.** [mɔ̃tre-mwa u sɔm-nu, sil vu plɛ]
Aquí	**Ici** [isi]
Allí	**Là-bas** [labɑ]
Por aquí	**Par ici** [par isi]
Gire a la derecha.	**Tournez à droite.** [turne a drwat]
Gire a la izquierda.	**Tournez à gauche.** [turne a goʃ]

la primera (segunda, tercera) calle	**Prenez la première (deuxième, troisième) rue.** [prəne la prəmjɛr (døzjɛm, trwɑzjɛm) ry]
a la derecha	**à droite** [a drwat]
a la izquierda	**à gauche** [a goʃ]
Siga recto.	**Continuez tout droit.** [kɔ̃tinɥe tu drwa]

Carteles

¡BIENVENIDO!	**BIENVENUE!** [bjɛ̃vny!]
ENTRADA	**ENTRÉE** [ɑ̃tre]
SALIDA	**SORTIE** [sɔrti]
EMPUJAR	**POUSSEZ** [puse]
TIRAR	**TIREZ** [tire]
ABIERTO	**OUVERT** [uvɛr]
CERRADO	**FERMÉ** [fɛrme]
PARA SEÑORAS	**POUR LES FEMMES** [pur le fam]
PARA CABALLEROS	**POUR LES HOMMES** [pur le zɔm]
CABALLEROS	**MESSIEURS** (m) [məsjø]
SEÑORAS	**FEMMES** (f) [fam]
REBAJAS	**RABAIS | SOLDES** [rabɛ | sɔld]
VENTA	**PROMOTION** [prɔmɔsjɔ̃]
GRATIS	**GRATUIT** [gratɥi]
¡NUEVO!	**NOUVEAU!** [nuvo!]
ATENCIÓN	**ATTENTION!** [atɑ̃sjɔ̃!]
COMPLETO	**COMPLET** [kɔ̃plɛ]
RESERVADO	**RÉSERVÉ** [rezɛrve]
ADMINISTRACIÓN	**ADMINISTRATION** [administrasjɔ̃]
SÓLO PERSONAL AUTORIZADO	**PERSONNEL SEULEMENT** [pɛrsɔnɛl sœlmɑ̃]

CUIDADO CON EL PERRO	**ATTENTION AU CHIEN!** [atɑ̃sjɔ̃ o ʃjɛ̃!]
NO FUMAR	**NE PAS FUMER!** [nə pɑ fyme!]
NO TOCAR	**NE PAS TOUCHER!** [nə pɑ tuʃe!]
PELIGROSO	**DANGEREUX** [dɑ̃ʒrø]
PELIGRO	**DANGER** [dɑ̃ʒe]
ALTA TENSIÓN	**HAUTE TENSION** [ot tɑ̃sjɔ̃]
PROHIBIDO BAÑARSE	**BAIGNADE INTERDITE!** [bɛɳad ɛ̃tɛrdit!]

FUERA DE SERVICIO	**HORS SERVICE | EN PANNE** [ɔr sɛrvis | ɑ̃ pan]
INFLAMABLE	**INFLAMMABLE** [ɛ̃flamabl]
PROHIBIDO	**INTERDIT** [ɛ̃tɛrdi]
PROHIBIDO EL PASO	**ENTRÉE INTERDITE!** [ɑ̃tre ɛ̃tɛrdit!]
RECIÉN PINTADO	**PEINTURE FRAÎCHE** [pɛ̃tyr frɛʃ]

CERRADO POR RENOVACIÓN	**FERMÉ POUR TRAVAUX** [fɛrme pur travɔ]
EN OBRAS	**TRAVAUX EN COURS** [travɔ ɑ̃ kur]
DESVÍO	**DÉVIATION** [devjasjɔ̃]

Transporte. Frases generales

el avión	**avion** [avjɔ̃]
el tren	**train** [trɛ̃]
el bus	**bus, autobus** [bys, otɔbys]
el ferry	**ferry** [feri]
el taxi	**taxi** [taksi]
el coche	**voiture** [vwatyr]
el horario	**horaire** [ɔrɛr]
¿Dónde puedo ver el horario?	**Où puis-je voir l'horaire?** [u pɥiʒ vwar lɔrɛ:r?]
días laborables	**jours ouvrables** [ʒur uvrabl]
fines de semana	**jours non ouvrables** [ʒur nɔn uvrabl]
días festivos	**jours fériés** [ʒur ferje]
SALIDA	**DÉPART** [depar]
LLEGADA	**ARRIVÉE** [arive]
RETRASADO	**RETARDÉE** [rətarde]
CANCELADO	**ANNULÉE** [anyle]
siguiente (tren, etc.)	**prochain** [prɔʃɛ̃]
primero	**premier** [prəmje]
último	**dernier** [dɛrnje]
¿Cuándo pasa el siguiente ...?	**À quelle heure est le prochain ...?** [a kɛl œr ɛ lə prɔʃɛ̃ ...?]
¿Cuándo pasa el primer ...?	**À quelle heure est le premier ...?** [a kɛl œr ɛ lə prəmje ...?]

¿Cuándo pasa el último ...?	**À quelle heure est le dernier ...?** [a kɛl œr ɛ lə dɛrnje ...?]
el trasbordo (cambio de trenes, etc.)	**correspondance** [kɔrɛspɔ̃dɑ̃s]
hacer un trasbordo	**prendre la correspondance** [prɑ̃dr la kɔrɛspɔ̃dɑ̃s]
¿Tengo que hacer un trasbordo?	**Dois-je prendre la correspondance?** [dwaʒ prɑ̃dr la kɔrɛspɔ̃dɑ̃s?]

Comprar billetes

¿Dónde puedo comprar un billete? — **Où puis-je acheter des billets?** [u pɥiʒ aʃte de bijɛ?]

el billete — **billet** [bijɛ]

comprar un billete — **acheter un billet** [aʃte œ̃ bijɛ]

precio del billete — **le prix d'un billet** [lə pri dœ̃ bijɛ]

¿Para dónde? — **Pour aller où?** [pur ale u?]

¿A qué estación? — **Quelle destination?** [kɛl dɛstinasjɔ̃?]

Necesito ... — **Je voudrais ...** [ʒə vudrɛ ...]

un billete — **un billet** [œ̃ bijɛ]

dos billetes — **deux billets** [dø bijɛ]

tres billetes — **trois billets** [trwɑ bijɛ]

---

sólo ida — **aller simple** [ale sɛ̃pl]

ida y vuelta — **aller-retour** [ale-rətur]

en primera (primera clase) — **première classe** [prəmjɛr klɑs]

en segunda (segunda clase) — **classe économique** [klɑs ekɔnɔmik]

---

hoy — **aujourd'hui** [oʒurdɥi]

mañana — **demain** [dəmɛ̃]

pasado mañana — **après-demain** [aprɛdmɛ̃]

por la mañana — **dans la matinée** [dɑ̃ la matine]

por la tarde — **l'après-midi** [laprɛmidi]

por la noche — **dans la soirée** [dɑ̃ la sware]

asiento de pasillo	**siège côté couloir** [sjɛʒ kote kulwar]
asiento de ventanilla	**siège côté fenêtre** [sjɛʒ kote fənɛtr]
¿Cuánto cuesta?	**C'est combien?** [sɛ kɔ̃bjɛ̃?]
¿Puedo pagar con tarjeta?	**Puis-je payer avec la carte?** [pɥiʒ peje avɛk la kart?]

Autobús

el autobús	**bus, autobus** [otɔbys]
el autobús interurbano	**autocar** [otɔkar]
la parada de autobús	**arrêt d'autobus** [arɛ dotɔbys]
¿Dónde está la parada de autobuses más cercana?	**Où est l'arrêt d'autobus le plus proche?** [u ɛ larɛ dotɔbys lə ply prɔʃ?]
número	**numéro** [nymero]
¿Qué autobús tengo que tomar para ...?	**Quel bus dois-je prendre pour aller à ...?** [kɛl bys dwaʒ prɑ̃dr pur ale a ...?]
¿Este autobús va a ...?	**Est-ce que ce bus va à ...?** [ɛskə sə bys va a ...?]
¿Cada cuanto pasa el autobús?	**L'autobus passe tous les combien?** [lotɔbys pɑs tu le kɔ̃bjɛ̃?]
cada 15 minutos	**chaque quart d'heure** [ʃak kar dœr]
cada media hora	**chaque demi-heure** [ʃak dəmiœr]
cada hora	**chaque heure** [ʃak œr]
varias veces al día	**plusieurs fois par jour** [plyzjœr fwa par ʒur]
... veces al día	**... fois par jour** [... fwa par ʒur]
el horario	**horaire** [ɔrɛr]
¿Dónde puedo ver el horario?	**Où puis-je voir l'horaire?** [u pɥiʒ vwar lɔrɛ:r?]
¿Cuándo pasa el siguiente autobús?	**À quelle heure passe le prochain bus?** [a kɛl œr pɑs lə prɔʃɛ̃ bys?]
¿Cuándo pasa el primer autobús?	**À quelle heure passe le premier bus?** [a kɛl œr pɑs lə prəmje bys?]
¿Cuándo pasa el último autobús?	**À quelle heure passe le dernier bus?** [a kɛl œr pɑs lə dɛrnje bys?]

la parada	**arrêt** [arɛ]
la siguiente parada	**prochain arrêt** [prɔʃɛn arɛ]
la última parada	**terminus** [tɛrminys]
Pare aquí, por favor.	**Pouvez-vous arrêter ici, s'il vous plaît.** [puve vu arɛte isi, sil vu plɛ]
Perdone, esta es mi parada.	**Excusez-moi, c'est mon arrêt.** [ɛkskyze mwa, sɛ mɔ̃n arɛ]

Tren

el tren — **train**
[trɛ̃]

el tren de cercanías — **train de banlieue**
[trɛ̃ də bɑ̃ljø]

el tren de larga distancia — **train de grande ligne**
[trɛ̃ də grɑ̃d liɲ]

la estación de tren — **la gare**
[la gar]

Perdone, ¿dónde está la salida al anden? — **Excusez-moi, où est la sortie vers les quais?**
[ɛkskyze mwa, u ɛ la sɔrti vɛr le ke?]

¿Este tren va a ...? — **Est-ce que ce train va à ...?**
[ɛskə sə trɛ̃ va a ...?]

el siguiente tren — **le prochain train**
[lə prɔʃɛ̃ trɛ̃]

¿Cuándo pasa el siguiente tren? — **À quelle heure est le prochain train?**
[a kɛl œr ɛ lə prɔʃɛ̃ trɛ̃?]

¿Dónde puedo ver el horario? — **Où puis-je voir l'horaire?**
[u pɥiʒ vwar lɔrɛ:r?]

¿De qué andén? — **De quel quai?**
[də kɛl ke?]

¿Cuándo llega el tren a ...? — **À quelle heure arrive le train à ...?**
[a kɛl œr ariv lə trɛ̃ a ...?]

Ayudeme, por favor. — **Pouvez-vous m'aider, s'il vous plaît?**
[puve-vu mɛde, sil vu plɛ?]

Busco mi asiento. — **Je cherche ma place.**
[ʒə ʃɛrʃ ma plas]

Buscamos nuestros asientos. — **Nous cherchons nos places.**
[nu ʃɛrʃɔ̃ no plas]

Mi asiento está ocupado. — **Ma place est occupée.**
[ma plas ɛtokype]

Nuestros asientos están ocupados. — **Nos places sont occupées.**
[no plas sɔ̃ ɔkype]

Perdone, pero ese es mi asiento. — **Excusez-moi, mais c'est ma place.**
[ɛkskyze mwa, mɛ sɛ ma plas]

¿Está libre? — **Est-ce que cette place est libre?**
[ɛskə sɛt plas ɛ li:br?]

¿Puedo sentarme aquí? — **Puis-je m'asseoir ici?**
[pɥiʒ maswar isi?]

En el tren. Diálogo (Sin billete)

Su billete, por favor.	**Votre billet, s'il vous plaît.** [vɔtr bijɛ, sil vu plɛ]
No tengo billete.	**Je n'ai pas de billet.** [ʒə ne pɑ də bijɛ]
He perdido mi billete.	**J'ai perdu mon billet.** [ʒe pɛrdy mɔ̃ bijɛ]
He olvidado mi billete en casa.	**J'ai oublié mon billet à la maison.** [ʒe ublije mɔ̃ bijɛ a la mɛzɔ̃]
Le puedo vender un billete.	**Vous pouvez m'acheter un billet.** [vu puve maʃte œ̃ bijɛ]
También deberá pagar una multa.	**Vous devrez aussi payer une amende.** [vu dəvre osi peje yn amɑ̃d]
Vale.	**D'accord.** [dakɔ:r]
¿A dónde va usted?	**Où allez-vous?** [u ale-vu?]
Voy a ...	**Je vais à ...** [ʒə ve a ...]
¿Cuánto es? No lo entiendo.	**Combien? Je ne comprend pas.** [kɔ̃bjɛ̃? ʒə nə kɔ̃prɑ̃ pɑ]
Escríbalo, por favor.	**Pouvez-vous l'écrire, s'il vous plaît.** [puve vu lekrir, sil vu plɛ]
Vale. ¿Puedo pagar con tarjeta?	**D'accord. Puis-je payer avec la carte?** [dakɔ:r. pɥiʒ peje avɛk la kart?]
Sí, puede.	**Oui, bien sûr.** [wi, bjɛ̃ sy:r]
Aquí está su recibo.	**Voici votre reçu.** [vwasi vɔtr rəsy]
Disculpe por la multa.	**Désolé pour l'amende.** [dezɔle pur lamɑ̃:d]
No pasa nada. Fue culpa mía.	**Ça va. C'est de ma faute.** [sa va. sɛ də ma fot]
Disfrute su viaje.	**Bon voyage.** [bɔ̃ vwaja:ʒ]

Taxi

taxi	**taxi** [taksi]
taxista	**chauffeur de taxi** [ʃofœr də taksi]
coger un taxi	**prendre un taxi** [prɑ̃dr œ̃ taksi]
parada de taxis	**arrêt de taxi** [arɛ də taksi]
¿Dónde puedo coger un taxi?	**Où puis-je trouver un taxi?** [u pɥiʒ truve œ̃ taksi?]

---

llamar a un taxi	**appeler un taxi** [aple œ̃ taksi]
Necesito un taxi.	**Il me faut un taxi.** [il mə fo œ̃ taksi]
Ahora mismo.	**maintenant** [mɛ̃tnɑ̃]
¿Cuál es su dirección?	**Quelle est votre adresse?** [kɛl ɛ vɔtr adrɛs?]
Mi dirección es ...	**Mon adresse est ...** [mɔn adrɛs ɛ ...]
¿Cuál es el destino?	**Votre destination?** [vɔtr dɛstinasjɔ̃?]

Perdone, ...	**Excusez-moi, ...** [ɛkskyze mwa, ...]
¿Está libre?	**Vous êtes libre ?** [vuzɛt libr?]
¿Cuánto cuesta ir a ...?	**Combien ça coûte pour aller à ...?** [kɔ̃bjɛ̃ sa kut pur ale a ...?]
¿Sabe usted dónde está?	**Vous savez où ça se trouve?** [vu save u sa sə tru:v?]

Al aeropuerto, por favor.	**À l'aéroport, s'il vous plaît.** [a laerɔpɔ:r, sil vu plɛ]
Pare aquí, por favor.	**Arrêtez ici, s'il vous plaît.** [arɛte isi, sil vu plɛ]
No es aquí.	**Ce n'est pas ici.** [sə nɛ pɑ isi]
La dirección no es correcta.	**C'est la mauvaise adresse.** [sɛ la mɔvɛz adrɛs]

Gire a la izquierda.	**tournez à gauche** [turne a goʃ]
Gire a la derecha.	**tournez à droite** [turne a drwat]

¿Cuánto le debo?	**Combien je vous dois?** [kɔ̃bjɛ̃ ʒə vu dwa?]
¿Me da un recibo, por favor?	**J'aimerais avoir un reçu, s'il vous plaît.** [ʒɛmrɛ avwar œ̃ rəsy, sil vu plɛ]
Quédese con el cambio.	**Gardez la monnaie.** [garde la mɔnɛ]

Espéreme, por favor.	**Attendez-moi, s'il vous plaît ...** [atɑ̃de-mwa, sil vu plɛ ...]
cinco minutos	**cinq minutes** [sɛ̃k minyt]
diez minutos	**dix minutes** [di minyt]
quince minutos	**quinze minutes** [kɛ̃z minyt]
veinte minutos	**vingt minutes** [vɛ̃ minyt]
media hora	**une demi-heure** [yn dəmiœr]

Hotel

Hola.	**Bonjour.** [bɔ̃ʒu:r]
Me llamo ...	**Je m'appelle ...** [ʒə mapɛl ...]
Tengo una reserva.	**J'ai réservé une chambre.** [ʒe rezɛrve yn ʃɑ̃:br]
Necesito ...	**Je voudrais ...** [ʒə vudrɛ ...]
una habitación individual	**une chambre simple** [yn ʃɑ̃br sɛ̃pl]
una habitación doble	**une chambre double** [yn ʃɑ̃br dubl]
¿Cuánto cuesta?	**C'est combien?** [sɛ kɔ̃bjɛ̃?]
Es un poco caro.	**C'est un peu cher.** [sɛtœ̃pø ʃɛ:r]
¿Tiene alguna más?	**Avez-vous autre chose?** [ave vu otr ʃo:z?]
Me quedo.	**Je vais la prendre.** [ʒə ve la prɑ̃dr]
Pagaré en efectivo.	**Je vais payer comptant.** [ʒə ve peje kɔ̃tɑ̃]
Tengo un problema.	**J'ai un problème.** [ʒe œ̃ prɔblɛm]
Mi ... no funciona.	**... est cassé /cassée/** [... ɛ kɑse]
Mi ... está fuera de servicio.	**... ne fonctionne pas.** [... nə fɔ̃ksjɔn pɑ]
televisión	**la télé ...** [la tele ...]
aire acondicionado	**air conditionné ...** [ɛr kɔ̃disjɔne ...]
grifo	**le robinet ...** [lə rɔbinɛ ...]
ducha	**ma douche ...** [ma duʃ ...]
lavabo	**mon évier ...** [mon evje ...]
caja fuerte	**mon coffre-fort ...** [mɔ̃ kɔfr-fɔr ...]

cerradura	**la serrure de porte ...** [la seryr də pɔrt ...]
enchufe	**la prise électrique ...** [la priz elɛktrik ...]
secador de pelo	**mon sèche-cheveux ...** [mɔ̃ sɛʃ ʃəvø ...]

No tengo ...	**Je n'ai pas ...** [ʒə ne pɑ ...]
agua	**d'eau** [do]
luz	**de lumière** [də lymjɛr]
electricidad	**d'électricité** [delɛktrisite]

¿Me puede dar ...?	**Pouvez-vous me donner ...?** [puve vu mə dɔne ...?]
una toalla	**une serviette** [yn sɛrvjɛt]
una sábana	**une couverture** [yn kuvɛrtyr]
unas chanclas	**des pantoufles** [de pɑ̃tufl]
un albornoz	**une robe de chambre** [yn rɔb də ʃɑ̃br]
un champú	**du shampooing** [dy ʃɑ̃pwɛ̃]
jabón	**du savon** [dy savɔ̃]

Quisiera cambiar de habitación.	**Je voudrais changer ma chambre.** [ʒə vudrɛ ʃɑ̃ʒe ma ʃɑ̃:br]
No puedo encontrar mi llave.	**Je ne trouve pas ma clé.** [ʒə nə truv pɑ ma kle]
Por favor abra mi habitación.	**Pourriez-vous ouvrir ma chambre, s'il vous plaît?** [purje-vu uvrir ma ʃɑ̃:br, sil vu plɛ?]
¿Quién es?	**Qui est là?** [ki ɛ la?]
¡Entre!	**Entrez!** [ɑ̃tre!]
¡Un momento!	**Une minute!** [yn minyt!]

Ahora no, por favor.	**Pas maintenant, s'il vous plaît.** [pɑ mɛ̃tnɑ̃, sil vu plɛ]
Venga a mi habitación, por favor.	**Pouvez-vous venir à ma chambre, s'il vous plaît.** [puve vu vənir a ma ʃɑ̃:br, sil vu plɛ]

Quisiera hacer un pedido.	**J'aimerais avoir le service d'étage.** [ʒɛmrɛ avwar lə sɛrvis deta:ʒ]
Mi número de habitación es ...	**Mon numéro de chambre est le ...** [mɔ̃ nymero də ʃɑ̃br ɛ lə ...]

Me voy ...	**Je pars ...** [ʒə par ...]
Nos vamos ...	**Nous partons ...** [nu partɔ̃ ...]
Ahora mismo	**maintenant** [mɛ̃tnɑ̃]
esta tarde	**cet après-midi** [sɛt aprɛmidi]
esta noche	**ce soir** [sə swar]
mañana	**demain** [dəmɛ̃]
mañana por la mañana	**demain matin** [dəmɛ̃ matɛ̃]
mañana por la noche	**demain après-midi** [dəmɛ̃ aprɛmidi]
pasado mañana	**après-demain** [aprɛdmɛ̃]

Quisiera pagar la cuenta.	**Je voudrais régler mon compte.** [ʒə vudrɛ regle mɔ̃ kɔ̃:t]
Todo ha estado estupendo.	**Tout était merveilleux.** [tutetɛ mɛrvɛjø]
¿Dónde puedo coger un taxi?	**Où puis-je trouver un taxi?** [u pɥiʒ truve œ̃ taksi?]
¿Puede llamarme un taxi, por favor?	**Pourriez-vous m'appeler un taxi, s'il vous plaît?** [purje-vu maple œ̃ taksi, sil vu plɛ?]

Restaurante

¿Puedo ver el menú, por favor? — **Puis-je voir le menu, s'il vous plaît?**
[pɥiʒ vwar lə məny, sil vu plɛ?]

Mesa para uno. — **Une table pour une personne.**
[yn tabl pur yn pɛrsɔn]

Somos dos (tres, cuatro). — **Nous sommes deux (trois, quatre).**
[nu sɔm dø (trwɑ, katr)]

Para fumadores — **Fumeurs**
[fymœr]

Para no fumadores — **Non-fumeurs**
[nɔ̃-fymœr]

¡Por favor! (llamar al camarero) — **S'il vous plaît!**
[sil vu plɛ!]

la carta — **menu**
[məny]

la carta de vinos — **carte des vins**
[kart de vɛ̃]

La carta, por favor. — **Le menu, s'il vous plaît.**
[lə məny, sil vu plɛ]

¿Está listo para pedir? — **Êtes-vous prêts à commander?**
[ɛt-vu prɛ a kɔmɑ̃de?]

¿Qué quieren pedir? — **Qu'allez-vous prendre?**
[kale-vu prɑ̃dr?]

Yo quiero ... — **Je vais prendre ...**
[ʒə ve prɑ̃dr ...]

Soy vegetariano. — **Je suis végétarien.**
[ʒə sɥi veʒetarjɛ̃]

carne — **viande**
[vjɑ̃d]

pescado — **poisson**
[pwasɔ̃]

verduras — **légumes**
[legym]

¿Tiene platos para vegetarianos? — **Avez-vous des plats végétariens?**
[ave vu de pla veʒetarjɛ̃?]

No como cerdo. — **Je ne mange pas de porc.**
[ʒə nə mɑ̃ʒ pɑ də pɔ:r]

Él /Ella/ no come carne. — **Il /elle/ ne mange pas de viande.**
[il /ɛl/ nə mɑ̃ʒ pɑ də vjɑ̃:d]

Soy alérgico a ... — **Je suis allergique à ...**
[ʒə sɥi alɛrʒik a ...]

¿Me puede traer ..., por favor?	**Pourriez-vous m'apporter ..., s'il vous plaît.** [purje-vu mapɔrte ... , sil vu plɛ]
sal | pimienta | azúcar	**le sel | le poivre | du sucre** [lə sɛl | lə pwavr | dy sykr]
café | té | postre	**un café | un thé | un dessert** [œ̃ kafe | œ̃ te | œ̃ desɛr]
agua | con gas | sin gas	**de l'eau | gazeuse | plate** [də lo | gɑzøz | plat]
una cuchara | un tenedor | un cuchillo	**une cuillère | une fourchette | un couteau** [yn kɥijɛr | yn furʃɛt | œ̃ kuto]
un plato | una servilleta	**une assiette | une serviette** [yn asjɛt | yn sɛrvjɛt]

¡Buen provecho!	**Bon appétit!** [bɔn apeti!]
Uno más, por favor.	**Un de plus, s'il vous plaît.** [œ̃ də plys, sil vu plɛ]
Estaba delicioso.	**C'était délicieux.** [setɛ delisjø]

---

la cuenta | el cambio | la propina	**l'addition | de la monnaie | le pourboire** [ladisjɔ̃ | də la mɔnɛ | lə purbwar]
La cuenta, por favor.	**L'addition, s'il vous plaît.** [ladisjɔ̃, sil vu plɛ]
¿Puedo pagar con tarjeta?	**Puis-je payer avec la carte?** [pɥiʒ peje avɛk la kart?]
Perdone, aquí hay un error.	**Excusez-moi, je crois qu'il y a une erreur ici.** [ɛkskyze mwa, ʒə krwa kilja yn ɛrœr isi]

De Compras

¿Puedo ayudarle?	**Est-ce que je peux vous aider?** [ɛskə ʒə pø vuzɛde?]
¿Tiene ...?	**Avez-vous ... ?** [ave vu ...?]
Busco ...	**Je cherche ...** [ʒə ʃɛrʃ ...]
Necesito ...	**Il me faut ...** [il mə fo ...]
Sólo estoy mirando.	**Je regarde seulement, merci.** [ʒə rəgard sœlmɑ̃, mɛrsi]
Sólo estamos mirando.	**Nous regardons seulement, merci.** [nu rəgardɔ̃ sœlmɑ̃, mɛrsi]
Volveré más tarde.	**Je reviendrai plus tard.** [ʒə rəvjɛ̃dre ply ta:r]
Volveremos más tarde.	**On reviendra plus tard.** [ɔ̃ rəvjɛ̃dra ply ta:r]
descuentos | oferta	**Rabais | Soldes** [rabɛ | sɔld]
Por favor, enséñeme ...	**Montrez-moi, s'il vous plaît ...** [mɔ̃tre-mwa, sil vu plɛ ...]
¿Me puede dar ..., por favor?	**Donnez-moi, s'il vous plaît ...** [dɔne-mwa, sil vu plɛ ...]
¿Puedo probarmelo?	**Est-ce que je peux l'essayer?** [ɛskə ʒə pø lesɛje?]
Perdone, ¿dónde están los probadores?	**Excusez-moi, où est la cabine d'essayage?** [ɛkskyze mwa, u ɛ la kabin desɛja:ʒ?]
¿Qué color le gustaría?	**Quelle couleur aimeriez-vous?** [kɛl kulœr ɛmərje-vu?]
la talla | el largo	**taille | longueur** [tɑj | lɔ̃gœr]
¿Cómo le queda? (¿Está bien?)	**Est-ce que la taille convient ?** [ɛskə la tɑj kɔ̃vjɛ̃?]
¿Cuánto cuesta esto?	**Combien ça coûte?** [kɔ̃bjɛ̃ sa kut?]
Es muy caro.	**C'est trop cher.** [sɛ tro ʃɛ:r]
Me lo llevo.	**Je vais le prendre.** [ʒə ve lə prɑ̃dr]

Perdone, ¿dónde está la caja?	**Excusez-moi, où est la caisse?** [ɛkskyze mwa, u ɛ la kɛs?]
¿Pagará en efectivo o con tarjeta?	**Payerez-vous comptant ou par carte de crédit?** [pɛjre-vu kɔ̃tɑ̃ u par kart də kredi?]
en efectivo | con tarjeta	**Comptant | par carte de crédit** [kɔ̃tɑ̃ | par kart də kredi]
¿Quiere el recibo?	**Voulez-vous un reçu?** [vule vu œ̃ rəsy?]
Sí, por favor.	**Oui, s'il vous plaît.** [wi, sil vu plɛ]
No, gracias.	**Non, ce n'est pas nécessaire.** [nɔ̃, sə nɛ pɑ nesesɛːr]
Gracias. ¡Que tenga un buen día!	**Merci. Bonne journée!** [mɛrsi. bɔn ʒurne!]

En la ciudad

Perdone, por favor.	**Excusez-moi, ...** [ɛkskyze mwa, ...]
Busco ...	**Je cherche ...** [ʒə ʃɛrʃ ...]
el metro	**le métro** [lə metro]
mi hotel	**mon hôtel** [mɔn otɛl]
el cine	**le cinéma** [lə sinema]
una parada de taxis	**un arrêt de taxi** [œn arɛ də taksi]
un cajero automático	**un distributeur** [œ̃ distribytœ:r]
una oficina de cambio	**un bureau de change** [œ̃ byro də ʃɑ̃ʒ]
un cibercafé	**un café internet** [œ̃ kafe ɛ̃tɛrnɛt]
la calle ...	**la rue ...** [la ry ...]
este lugar	**cette place-ci** [sɛt plas-si]
¿Sabe usted dónde está ...?	**Savez-vous où se trouve ...?** [save vu u sə truv ...?]
¿Cómo se llama esta calle?	**Quelle est cette rue?** [kɛl ɛ sɛt ry?]
Muestreme dónde estamos ahora.	**Montrez-moi où sommes-nous, s'il vous plaît.** [mɔ̃tre-mwa u sɔm-nu, sil vu plɛ]
¿Puedo llegar a pie?	**Est-ce que je peux y aller à pied?** [ɛskə ʒə pø i ale a pje?]
¿Tiene un mapa de la ciudad?	**Avez-vous une carte de la ville?** [ave vu yn kart də la vil?]
¿Cuánto cuesta la entrada?	**C'est combien pour un ticket?** [sɛ kɔ̃bjɛ̃ pur œ̃ tikɛ?]
¿Se pueden hacer fotos aquí?	**Est-ce que je peux faire des photos?** [ɛskə ʒə pø fɛr de fɔto?]
¿Está abierto?	**Êtes-vous ouvert?** [ɛt-vu uvɛ:r?]

¿A qué hora abren?

À quelle heure ouvrez-vous?
[a kɛl œr uvre-vu?]

¿A qué hora cierran?

À quelle heure fermez-vous?
[a kɛl œr fɛrme-vu?]

Dinero

dinero	**argent** [arʒɑ̃]
efectivo	**argent liquide** [arʒɑ̃ likid]
billetes	**des billets** [de bijɛ]
monedas	**petite monnaie** [pətit mɔnɛ]
la cuenta | el cambio | la propina	**l'addition | de la monnaie | le pourboire** [ladisjɔ̃ | də la mɔnɛ | lə purbwar]
la tarjeta de crédito	**carte de crédit** [kart də kredi]
la cartera	**portefeuille** [pɔrtəfœj]
comprar	**acheter** [aʃte]
pagar	**payer** [peje]
la multa	**amende** [amɑ̃d]
gratis	**gratuit** [gratɥi]
¿Dónde puedo comprar ...?	**Où puis-je acheter ... ?** [u pɥiʒ aʃte ...?]
¿Está el banco abierto ahora?	**Est-ce que la banque est ouverte en ce moment?** [ɛskə la bɑ̃k ɛtuvɛrt ɑ̃ sə mɔmɑ̃?]
¿A qué hora abre?	**À quelle heure ouvre-t-elle?** [a kɛl œr uvr-tɛl?]
¿A qué hora cierra?	**À quelle heure ferme-t-elle?** [a kɛl œr fɛrm-tɛl?]
¿Cuánto cuesta?	**C'est combien?** [sɛ kɔ̃bjɛ̃?]
¿Cuánto cuesta esto?	**Combien ça coûte?** [kɔ̃bjɛ̃ sa kut?]
Es muy caro.	**C'est trop cher.** [sɛ tro ʃɛ:r]

Perdone, ¿dónde está la caja?	**Excusez-moi, où est la caisse?** [ɛkskyze mwa, u ɛ la kɛs?]
La cuenta, por favor.	**L'addition, s'il vous plaît.** [ladisjɔ̃, sil vu plɛ]
¿Puedo pagar con tarjeta?	**Puis-je payer avec la carte?** [pɥiʒ peje avɛk la kart?]
¿Hay un cajero por aquí?	**Est-ce qu'il y a un distributeur ici?** [ɛskilja œ̃ distribytœ:r isi?]
Busco un cajero automático.	**Je cherche un distributeur.** [ʒə ʃɛrʃ œ̃ distribytœ:r]

Busco una oficina de cambio.	**Je cherche un bureau de change.** [ʒə ʃɛrʃ œ̃ byro də ʃɑ̃:ʒ]
Quisiera cambiar ...	**Je voudrais changer ...** [ʒə vudrɛ ʃɑ̃ʒe ...]
¿Cuál es el tipo de cambio?	**Quel est le taux de change?** [kɛl ɛ lə to də ʃɑ̃:ʒ?]
¿Necesita mi pasaporte?	**Avez-vous besoin de mon passeport?** [ave vu bəzwɛ̃ də mɔ̃ paspɔ:r?]

Tiempo

¿Qué hora es?	**Quelle heure est-il?** [kɛl œr ɛ-til?]
¿Cuándo?	**Quand?** [kɑ̃?]
¿A qué hora?	**À quelle heure?** [a kɛl œ:r?]
ahora | luego | después de ...	**maintenant | plus tard | après ...** [mɛ̃tnɑ̃ | ply tar | aprɛ ...]
la una	**une heure** [yn œ:r]
la una y cuarto	**une heure et quart** [yn œ:r e kar]
la una y medio	**une heure et demie** [yn œ:r e dəmi]
las dos menos cuarto	**deux heures moins quart** [døzœr mwɛ̃ kar]
una | dos | tres	**un | deux | trois** [œ̃ | dø | trwɑ]
cuatro | cinco | seis	**quatre | cinq | six** [katr | sɛ̃k | sis]
siete | ocho | nueve	**sept | huit | neuf** [sɛt | ɥit | nœf]
diez | once | doce	**dix | onze | douze** [dis | ɔ̃z | duz]
en ...	**dans ...** [dɑ̃ ...]
cinco minutos	**cinq minutes** [sɛ̃k minyt]
diez minutos	**dix minutes** [di minyt]
quince minutos	**quinze minutes** [kɛ̃z minyt]
veinte minutos	**vingt minutes** [vɛ̃ minyt]
media hora	**une demi-heure** [yn dəmiœr]
una hora	**une heure** [yn œ:r]

por la mañana	**dans la matinée** [dɑ̃ la matine]
por la mañana temprano	**tôt le matin** [to lə matɛ̃]
esta mañana	**ce matin** [sə matɛ̃]
mañana por la mañana	**demain matin** [dəmɛ̃ matɛ̃]

al mediodía	**à midi** [a midi]
por la tarde	**dans l'après-midi** [dɑ̃ laprɛmidi]
por la noche	**dans la soirée** [dɑ̃ la sware]
esta noche	**ce soir** [sə swar]

por la noche	**la nuit** [la nɥi]
ayer	**hier** [jɛr]
hoy	**aujourd'hui** [oʒurdɥi]
mañana	**demain** [dəmɛ̃]
pasado mañana	**après-demain** [aprɛdmɛ̃]

¿Qué día es hoy?	**Quel jour sommes-nous aujourd'hui?** [kɛl ʒur sɔm-nu oʒurdɥi?]
Es ...	**Nous sommes ...** [nu sɔm ...]
lunes	**lundi** [lœ̃di]
martes	**mardi** [mɑrdi]
miércoles	**mercredi** [mɛrkrədi]

jueves	**jeudi** [ʒødi]
viernes	**vendredi** [vɑ̃drədi]
sábado	**samedi** [samdi]
domingo	**dimanche** [dimɑ̃ʃ]

Saludos. Presentaciones.

Hola.	**Bonjour.** [bɔ̃ʒu:r]
Encantado /Encantada/ de conocerle.	**Enchanté /Enchantée/** [ɑ̃ʃɑ̃te]
Yo también.	**Moi aussi.** [mwa osi]
Le presento a ...	**Je voudrais vous présenter ...** [ʒə vudrɛ vu prezɑ̃te ...]
Encantado.	**Ravi /Ravie/ de vous rencontrer.** [ravi də vu rɑ̃kɔ̃tre.]

¿Cómo está?	**Comment allez-vous?** [kɔmɑ̃talevu?]
Me llamo ...	**Je m'appelle ...** [ʒə mapɛl ...]
Se llama ...	**Il s'appelle ...** [il sapɛl ...]
Se llama ...	**Elle s'appelle ...** [ɛl sapɛl ...]
¿Cómo se llama (usted)?	**Comment vous appelez-vous?** [kɔmɑ̃ vuzaple-vu?]
¿Cómo se llama (él)?	**Quel est son nom?** [kɛl ɛ sɔ̃ nɔ̃?]
¿Cómo se llama (ella)?	**Quel est son nom?** [kɛl ɛ sɔ̃ nɔ̃?]
¿Cuál es su apellido?	**Quel est votre nom de famille?** [kɛl ɛ vɔtr nɔ̃ də famij?]
Puede llamarme ...	**Vous pouvez m'appeler ...** [vu puve maple ...]
¿De dónde es usted?	**D'où êtes-vous?** [du ɛt-vu?]
Yo soy de	**Je suis de ...** [ʒə sɥi də ...]
¿A qué se dedica?	**Qu'est-ce que vous faites dans la vie?** [kɛs kə vu fɛt dɑ̃ la vi?]

¿Quién es?	**Qui est-ce?** [ki ɛs?]
¿Quién es él?	**Qui est-il?** [ki ɛ-til?]
¿Quién es ella?	**Qui est-elle?** [ki ɛtɛl?]
¿Quiénes son?	**Qui sont-ils?** [ki sɔ̃ til?]

Este es ...	**C'est ...** [sɛ ...]
mi amigo	**mon ami** [mɔn ami]
mi amiga	**mon amie** [mɔn ami]
mi marido	**mon mari** [mɔ̃ mari]
mi mujer	**ma femme** [ma fam]

mi padre	**mon père** [mɔ̃ pɛr]
mi madre	**ma mère** [ma mɛr]
mi hermano	**mon frère** [mɔ̃ frɛr]
mi hermana	**ma soeur** [ma sœr]
mi hijo	**mon fils** [mɔ̃ fis]
mi hija	**ma fille** [ma fij]

Este es nuestro hijo.	**C'est notre fils.** [sɛ nɔtr fis]
Esta es nuestra hija.	**C'est notre fille.** [sɛ nɔtr fij]
Estos son mis hijos.	**Ce sont mes enfants.** [sə sɔ̃ mezɑ̃fɑ̃]
Estos son nuestros hijos.	**Ce sont nos enfants.** [sə sɔ̃ nozɑ̃fɑ̃]

Despedidas

¡Adiós!	**Au revoir!** [o rəvwa:r!]
¡Chau!	**Salut!** [saly!]
Hasta mañana.	**À demain.** [a dəmɛ̃]
Hasta pronto.	**À bientôt.** [a bjɛ̃to]
Te veo a las siete.	**On se revoit à sept heures.** [ɔ̃ sə rəvwa a sɛt œ:r]
¡Que se diviertan!	**Amusez-vous bien!** [amyze vu bjɛ̃!]
Hablamos más tarde.	**On se voit plus tard.** [ɔ̃ sə vwa ply ta:r]
Que tengas un buen fin de semana.	**Bonne fin de semaine.** [bɔn fɛ̃ də səmɛn]
Buenas noches.	**Bonne nuit.** [bɔn nɥi]
Es hora de irme.	**Il est l'heure que je parte.** [il ɛ lœr kə ʒə part]
Tengo que irme.	**Je dois m'en aller.** [ʒə dwa mɑ̃nale]
Ahora vuelvo.	**Je reviens tout de suite.** [ʒə rəvjɛ̃ tu də sɥit]
Es tarde.	**Il est tard.** [il ɛ ta:r]
Tengo que levantarme temprano.	**Je dois me lever tôt.** [ʒə dwa mə ləve to]
Me voy mañana.	**Je pars demain.** [ʒə par dəmɛ̃]
Nos vamos mañana.	**Nous partons demain.** [nu partɔ̃ dəmɛ̃]
¡Que tenga un buen viaje!	**Bon voyage!** [bɔ̃ vwaja:ʒ!]
Ha sido un placer.	**Enchanté de faire votre connaissance.** [ɑ̃ʃɑ̃te də fɛr vɔtr kɔnɛsɑ̃:s]
Fue un placer hablar con usted.	**Heureux /Heureuse/ d'avoir parlé avec vous.** [ørø /ørøz/ davwar parle avɛk vu]

Gracias por todo. | **Merci pour tout.** [mɛrsi pur tu]

Lo he pasado muy bien. | **Je me suis vraiment amusé /amusée/** [ʒə mə sɥi vrɛmɑ̃ amyze]

Lo pasamos muy bien. | **Nous nous sommes vraiment amusés /amusées/** [nu nu sɔm vrɛmɑ̃ amyze]

Fue genial. | **C'était vraiment plaisant.** [setɛ vrɛmɑ̃ plɛzɑ̃]

Le voy a echar de menos. | **Vous allez me manquer.** [vuzale mə mɑ̃ke]

Le vamos a echar de menos. | **Vous allez nous manquer.** [vuzale nu mɑ̃ke]

¡Suerte! | **Bonne chance!** [bɔn ʃɑ̃:s!]

Saludos a ... | **Mes salutations à ...** [me salytasjɔ̃ a ...]

Idioma extranjero

No entiendo.	**Je ne comprends pas.** [ʒə nə kɔ̃prɑ̃ pɑ]
Escríbalo, por favor.	**Écrivez-le, s'il vous plaît.** [ekrive lə, sil vu plɛ]
¿Habla usted ...?	**Parlez-vous ...?** [parle vu ...?]
Hablo un poco de ...	**Je parle un peu ...** [ʒə parl œ̃ pø ...]
inglés	**anglais** [ɑ̃glɛ]
turco	**turc** [tyrk]
árabe	**arabe** [arab]
francés	**français** [frɑ̃sɛ]
alemán	**allemand** [almɑ̃]
italiano	**italien** [italjɛ̃]
español	**espagnol** [ɛspaɲɔl]
portugués	**portugais** [pɔrtygɛ]
chino	**chinois** [ʃinwa]
japonés	**japonais** [ʒapɔnɛ]
¿Puede repetirlo, por favor?	**Pouvez-vous le répéter, s'il vous plaît.** [puve vu lə repete, sil vu plɛ]
Lo entiendo.	**Je comprends.** [ʒə kɔ̃prɑ̃]
No entiendo.	**Je ne comprends pas.** [ʒə nə kɔ̃prɑ̃ pɑ]
Hable más despacio, por favor.	**Parlez plus lentement, s'il vous plaît.** [parle ply lɑ̃tmɑ̃, sil vu plɛ]
¿Está bien?	**Est-ce que c'est correct?** [ɛskə sɛ kɔrrɛkt?]
¿Qué es esto? (¿Que significa esto?)	**Qu'est-ce que c'est?** [kɛskə sɛ?]

Disculpas

Perdone, por favor.	**Excusez-moi, s'il vous plaît.** [ɛkskyze mwa, sil vu plɛ]
Lo siento.	**Je suis désolé /désolée/** [ʒə sɥi dezɔle]
Lo siento mucho.	**Je suis vraiment désolé /désolée/.** [ʒə sɥi vrɛmɑ̃ dezɔle]
Perdón, fue culpa mía.	**Désolé /Désolée/, c'est ma faute.** [dezɔle, sɛ ma fot]
Culpa mía.	**Au temps pour moi.** [otɑ̃ pur mwa]

¿Puedo ...?	**Puis-je ... ?** [pɥiʒ ...?]
¿Le molesta si ...?	**Ça vous dérange si je ...?** [sa vu derɑ̃ʒ si ʒə ...?]
¡No hay problema! (No pasa nada.)	**Ce n'est pas grave.** [sə nɛ pɑ gra:v]
Todo está bien.	**Ça va.** [sa va]
No se preocupe.	**Ne vous inquiétez pas.** [nə vuzɛ̃kjete pɑ]

Acuerdos

Sí.	**Oui** [wi]
Sí, claro.	**Oui, bien sûr.** [wi, bjɛ̃ sy:r]
Bien.	**Bien.** [bjɛ̃]
Muy bien.	**Très bien.** [trɛ bjɛ̃]
¡Claro que sí!	**Bien sûr!** [bjɛ̃sy:r!]
Estoy de acuerdo.	**Je suis d'accord.** [ʒə sɥi dakɔ:r]

Es verdad.	**C'est correct.** [sɛ kɔrrɛkt]
Es correcto.	**C'est exact.** [sɛtɛgzakt]
Tiene razón.	**Vous avez raison.** [vuzave rɛzɔ̃]
No me molesta.	**Je ne suis pas contre.** [ʒə nə sɥi pɑ kɔ̃tr]
Es completamente cierto.	**Tout à fait correct.** [tutafɛ kɔrrɛkt]

Es posible.	**C'est possible.** [sɛ pɔsibl]
Es una buena idea.	**C'est une bonne idée.** [sɛtyn bɔn ide]
No puedo decir que no.	**Je ne peux pas dire non.** [ʒə nə pø pɑ dir nɔ̃]
Estaré encantado /encantada/.	**J'en serai ravi /ravie/** [ʒɑ̃ səre ravi:]
Será un placer.	**Avec plaisir.** [avɛk plezi:r]

Rechazo. Expresar duda

No.	**Non** [nɔ̃]
Claro que no.	**Absolument pas.** [absɔlymɑ̃ pɑ]
No estoy de acuerdo.	**Je ne suis pas d'accord.** [ʒə nə sɥi pɑ dakɔ:r]
No lo creo.	**Je ne le crois pas.** [ʒə nə lə krwa pɑ]
No es verdad.	**Ce n'est pas vrai.** [sə nɛ pɑ vrɛ]
No tiene razón.	**Vous avez tort.** [vuzave tɔ:r]
Creo que no tiene razón.	**Je pense que vous avez tort.** [ʒə pɑ̃s kə vuzave tɔ:r]
No estoy seguro /segura/.	**Je ne suis pas sûr /sûre/** [ʒə nə sɥi pɑ sy:r]
No es posible.	**C'est impossible.** [sɛtɛ̃pɔsibl]
¡Nada de eso!	**Pas du tout!** [pɑ dy tu!]
Justo lo contrario.	**Au contraire!** [o kɔ̃trɛ:r!]
Estoy en contra de ello.	**Je suis contre.** [ʒə sɥi kɔ̃tr]
No me importa. (Me da igual.)	**Ça m'est égal.** [sa mɛ tegal]
No tengo ni idea.	**Je n'ai aucune idée.** [ʒə ne okyn ide]
Dudo que sea así.	**Je doute que cela soit ainsi.** [ʒə dut kə səla swa ɛ̃si]
Lo siento, no puedo.	**Désolé /Désolée/, je ne peux pas.** [dezɔle, ʒə nə pø pɑ]
Lo siento, no quiero.	**Désolé /Désolée/, je ne veux pas.** [dezɔle, ʒə nə vø pɑ]
Gracias, pero no lo necesito.	**Merci, mais ça ne m'intéresse pas.** [mɛrsi, mɛ sa nə mɛ̃terɛs pɑ]
Ya es tarde.	**Il se fait tard.** [il sə fɛ ta:r]

Tengo que levantarme temprano. **Je dois me lever tôt.**
[ʒə dwa mə ləve to]

Me encuentro mal. **Je ne me sens pas bien.**
[ʒə nə mə sɑ̃ pɑ bjɛ̃]

Expresar gratitud

Gracias.	**Merci.** [mɛrsi]
Muchas gracias.	**Merci beaucoup.** [mɛrsi boku]
De verdad lo aprecio.	**Je l'apprécie beaucoup.** [ʒə lapresi boku]
Se lo agradezco.	**Je vous suis très reconnaissant.** [ʒə vu sɥi trɛ rəkɔnɛsɑ̃]
Se lo agradecemos.	**Nous vous sommes très reconnaissant.** [nu vu sɔm trɛ rəkɔnɛsɑ̃]
Gracias por su tiempo.	**Merci pour votre temps.** [mɛrsi pur vɔtr tɑ̃]
Gracias por todo.	**Merci pour tout.** [mɛrsi pur tu]
Gracias por ...	**Merci pour ...** [mɛrsi pur ...]
su ayuda	**votre aide** [vɔtr ɛd]
tan agradable momento	**les bons moments passés** [le bɔ̃ mɔmɑ̃ pɑse]
una comida estupenda	**un repas merveilleux** [œ̃ rəpɑ mɛrvɛjø]
una velada tan agradable	**cette agréable soirée** [sɛt agreabl sware]
un día maravilloso	**cette merveilleuse journée** [sɛt mɛrvɛjøz ʒurne]
un viaje increíble	**une excursion extraordinaire** [yn ɛkskyrsjɔ̃ ɛkstraɔrdinɛr]
No hay de qué.	**Il n'y a pas de quoi.** [il njapɑ də kwa]
De nada.	**Je vous en prie.** [ʒə vuzɑ̃pri]
Siempre a su disposición.	**Mon plaisir.** [mɔ̃ plezi:r]
Encantado /Encantada/ de ayudarle.	**J'ai été heureux /heureuse/ de vous aider.** [ʒe ete ørø /ørøz/ də vuzɛde]

No hay de qué.

Ça va. N'y pensez plus.
[sa va. ni pɑ̃se ply]

No tiene importancia.

Ne vous inquiétez pas.
[nə vuzɛ̃kjete pɑ]

Felicitaciones , Mejores Deseos

¡Felicidades! — **Félicitations!** [felisitasjɔ̃!]

¡Feliz Cumpleaños! — **Joyeux anniversaire!** [ʒwajø zanivɛrsɛ:r!]

¡Feliz Navidad! — **Joyeux Noël!** [ʒwajø nɔɛl!]

¡Feliz Año Nuevo! — **Bonne Année!** [bɔn ane!]

¡Felices Pascuas! — **Joyeuses Pâques!** [ʒwajøz pɑk!]

¡Feliz Hanukkah! — **Joyeux Hanoukka!** [ʒwajø anuka!]

Quiero brindar. — **Je voudrais proposer un toast.** [ʒə vudrɛ prɔpoze œ̃ tost]

¡Salud! — **Santé!** [sɑ̃te!]

¡Brindemos por ...! — **Buvons à ...!** [byvɔ̃ a ...!]

¡A nuestro éxito! — **À notre succès!** [a nɔtr syksɛ!]

¡A su éxito! — **À votre succès!** [a vɔtr syksɛ!]

¡Suerte! — **Bonne chance!** [bɔn ʃɑ̃:s!]

¡Que tenga un buen día! — **Bonne journée!** [bɔn ʒurne!]

¡Que tenga unas buenas vacaciones! — **Passez de bonnes vacances !** [pɑse də bɔn vakɑ̃s!]

¡Que tenga un buen viaje! — **Bon voyage!** [bɔ̃ vwaja:ʒ!]

¡Espero que se recupere pronto! — **Rétablissez-vous vite.** [retablise-vu vit]

Socializarse

¿Por qué está triste?	**Pourquoi êtes-vous si triste?** [purkwa ɛt-vu si trist?]
¡Sonría! ¡Animese!	**Souriez!** [surje!]
¿Está libre esta noche?	**Êtes-vous libre ce soir?** [ɛt-vu libr sə swa:r?]
¿Puedo ofrecerle algo de beber?	**Puis-je vous offrir un verre?** [pɥiʒ vu zɔfrir œ̃ vɛ:r?]
¿Querría bailar conmigo?	**Voulez-vous danser?** [vule-vu dɑ̃se?]
Vamos a ir al cine.	**Et si on va au cinéma?** [e si ɔ̃va o sinema?]
¿Puedo invitarle a ...?	**Puis-je vous inviter ...?** [pɥiʒ vu zɛ̃vite ...?]
un restaurante	**au restaurant** [o rɛstɔrɑ̃]
el cine	**au cinéma** [o sinema]
el teatro	**au théâtre** [o teɑtr]
dar una vuelta	**pour une promenade** [pur yn prɔmnad]
¿A qué hora?	**À quelle heure?** [a kɛl œ:r?]
esta noche	**ce soir** [sə swar]
a las seis	**à six heures** [a siz œ:r]
a las siete	**à sept heures** [a sɛt œ:r]
a las ocho	**à huit heures** [a ɥit œ:r]
a las nueve	**à neuf heures** [a nœv œ:r]
¿Le gusta este lugar?	**Est-ce que vous aimez cet endroit?** [ɛskə vuzɛme sɛt ɑ̃drwa?]
¿Está aquí con alguien?	**Êtes-vous ici avec quelqu'un?** [ɛt-vu isi avɛk kelkœ̃?]
Estoy con mi amigo /amiga/.	**Je suis avec mon ami.** [ʒə sɥi avɛk mɔn ami]

Estoy con amigos.	**Je suis avec mes amis.** [ʒə sɥi avɛk mezami]
No, estoy solo /sola/.	**Non, je suis seul /seule/** [nɔ̃, ʒə sɥi sœl]

¿Tienes novio?	**As-tu un copain?** [a ty œ̃ kɔpɛ̃?]
Tengo novio.	**J'ai un copain.** [ʒe œ̃ kɔpɛ̃]
¿Tienes novia?	**As-tu une copine?** [a ty yn kɔpin?]
Tengo novia.	**J'ai une copine.** [ʒe yn kɔpin]

¿Te puedo volver a ver?	**Est-ce que je peux te revoir?** [ɛskə ʒə pø tə rəvwa:r?]
¿Te puedo llamar?	**Est-ce que je peux t'appeler?** [ɛskə ʒə pø taple?]
Llámame.	**Appelle-moi.** [apɛl mwa]
¿Cuál es tu número?	**Quel est ton numéro?** [kɛl ɛ tɔ̃ nymero?]
Te echo de menos.	**Tu me manques.** [ty mə mɑ̃:k]

¡Qué nombre tan bonito!	**Vous avez un très beau nom.** [vuzave œ̃ trɛ bo nɔ̃]
Te quiero.	**Je t'aime.** [ʒə tɛm]
¿Te casarías conmigo?	**Veux-tu te marier avec moi?** [vø-ty tə marje avɛk mwa?]
¡Está de broma!	**Vous plaisantez!** [vu plɛzɑ̃te!]
Sólo estoy bromeando.	**Je plaisante.** [ʒə plɛzɑ̃:t]

¿En serio?	**Êtes-vous sérieux /sérieuse/?** [ɛt-vu serjø /serjøz/?]
Lo digo en serio.	**Je suis sérieux /sérieuse/** [ʒə sɥi serjø /serjøz/]
¿De verdad?	**Vraiment?!** [vrɛmɑ̃?!]
¡Es increíble!	**C'est incroyable!** [sɛtɛ̃krwajabl!]
No le creo.	**Je ne vous crois pas.** [ʒə nə vu krwa pɑ]
No puedo.	**Je ne peux pas.** [ʒə nə pø pɑ]
No lo sé.	**Je ne sais pas.** [ʒə nə sɛ pɑ]
No le entiendo.	**Je ne vous comprends pas** [ʒə nə vu kɔ̃prɑ̃ pɑ]

Váyase, por favor.	**Laissez-moi! Allez-vous-en!** [lɛse-mwa! ale-vuzɑ̃!]
¡Déjeme en paz!	**Laissez-moi tranquille!** [lɛse-mwa trɑ̃kil!]

Es inaguantable.	**Je ne le supporte pas.** [ʒə nə lə sypɔrt pɑ]
¡Es un asqueroso!	**Vous êtes dégoûtant!** [vuzɛt degutɑ̃!]
¡Llamaré a la policía!	**Je vais appeler la police!** [ʒə ve aple la pɔlis!]

Compartir impresiones. Emociones

Me gusta.	**J'aime ça.** [ʒɛm sa]
Muy lindo.	**C'est gentil.** [sɛ ʒɑ̃ti]
¡Es genial!	**C'est super!** [sɛ sypɛr!]
No está mal.	**C'est assez bien.** [sɛtase bjɛ̃]
No me gusta.	**Je n'aime pas ça.** [ʒə nɛm pɑ sa]
No está bien.	**Ce n'est pas bien.** [sə nɛ pɑ bjɛ̃]
Está mal.	**C'est mauvais.** [sɛ mɔvɛ]
Está muy mal.	**Ce n'est pas bien du tout.** [sə nɛ pɑ bjɛ̃ dy tu]
¡Qué asco!	**C'est dégoûtant.** [sɛ degutɑ̃]
Estoy feliz.	**Je suis content /contente/** [ʒə sɥi kɔ̃tɑ̃ /kɔ̃tɑ̃t/]
Estoy contento /contenta/.	**Je suis heureux /heureuse/** [ʒə sɥi ørø /ørøz/]
Estoy enamorado /enamorada/.	**Je suis amoureux /amoureuse/** [ʒə sɥi amurø /amurøz/]
Estoy tranquilo.	**Je suis calme.** [ʒə sɥi kalm]
Estoy aburrido.	**Je m'ennuie.** [ʒə mɑ̃nɥi]
Estoy cansado /cansada/.	**Je suis fatigué /fatiguée/** [ʒə sɥi fatige]
Estoy triste.	**Je suis triste.** [ʒə sɥi trist]
Estoy asustado.	**J'ai peur.** [ʒe pœ:r]
Estoy enfadado /enfadada/.	**Je suis fâché /fâchée/** [ʒə sɥi faʃe]
Estoy preocupado /preocupada/.	**Je suis inquiet /inquiète/** [ʒə sɥi ɛ̃kjɛ /ɛ̃kjɛt/]
Estoy nervioso /nerviosa/.	**Je suis nerveux /nerveuse/** [ʒə sɥi nɛrvø /nɛrvøz/]

Estoy celoso /celosa/.
Je suis jaloux /jalouse/
[ʒə sɥi ʒalu /ʒaluz/]

Estoy sorprendido /sorprendida/.
Je suis surpris /surprise/
[ʒə sɥi syrpri /syrpriz/]

Estoy perplejo /perpleja/.
Je suis gêné /gênée/
[ʒə sɥi ʒɛne]

Problemas, Accidentes

Tengo un problema.	**J'ai un problème.** [ʒe œ̃ prɔblɛm]
Tenemos un problema.	**Nous avons un problème.** [nuzavɔ̃ œ̃ prɔblɛm]
Estoy perdido /perdida/.	**Je suis perdu /perdue/** [ʒə sɥi pɛrdy]
Perdi el último autobús (tren).	**J'ai manqué le dernier bus (train).** [ʒe mɑ̃ke lə dɛrnje bys (trɛ̃)]
No me queda más dinero.	**Je n'ai plus d'argent.** [ʒə ne ply darʒɑ̃]

He perdido ...	**J'ai perdu mon ...** [ʒe pɛrdy mɔ̃ ...]
Me han robado ...	**On m'a volé mon ...** [ɔ̃ ma vɔle mɔ̃ ...]
mi pasaporte	**passeport** [paspɔ:r]
mi cartera	**portefeuille** [pɔrtəfœj]
mis papeles	**papiers** [papje]
mi billete	**billet** [bijɛ]
mi dinero	**argent** [arʒɑ̃]
mi bolso	**sac à main** [sak a mɛ̃]
mi cámara	**appareil photo** [aparɛj fɔto]
mi portátil	**portable** [pɔrtabl]
mi tableta	**ma tablette** [ma tablɛt]
mi teléfono	**mobile** [mɔbil]

¡Ayúdeme!	**Au secours!** [o səku:r!]
¿Qué pasó?	**Qu'est-il arrivé?** [kɛtil arive?]
el incendio	**un incendie** [œn ɛ̃sɑ̃di]
un tiroteo	**des coups de feu** [de ku də fø]

el asesinato — **un meurtre** [œ̃ mœrtr]

una explosión — **une explosion** [yn ɛksplozjɔ̃]

una pelea — **une bagarre** [yn bagar]

¡Llame a la policía! — **Appelez la police!** [aple la pɔlis!]

¡Más rápido, por favor! — **Dépêchez-vous, s'il vous plaît!** [depɛʃe-vu, sil vu plɛ!]

Busco la comisaría. — **Je cherche le commissariat de police.** [ʒə ʃɛrʃ lə kɔmisarja də pɔlis]

Tengo que hacer una llamada. — **Il me faut faire un appel.** [il mə fo fɛr œn apɛl]

¿Puedo usar su teléfono? — **Puis-je utiliser votre téléphone?** [pɥiʒ ytilize vɔtr telefɔn?]

Me han ... — **J'ai été ...** [ʒe ete ...]

asaltado /asaltada/ — **agressé /agressée/** [agrɛse]

robado /robada/ — **volé /volée/** [vɔle]

violada — **violée** [vjɔle]

atacado /atacada/ — **attaqué /attaquée/** [atake]

¿Se encuentra bien? — **Est-ce que ça va?** [ɛskə sa va?]

¿Ha visto quien a sido? — **Avez-vous vu qui c'était?** [ave vu vy ki setɛ?]

¿Sería capaz de reconocer a la persona? — **Pourriez-vous reconnaître cette personne?** [purje-vu rəkɔnɛtr sɛt pɛrsɔn?]

¿Está usted seguro? — **Vous êtes sûr?** [vuzɛt sy:r?]

Por favor, cálmese. — **Calmez-vous, s'il vous plaît.** [kalme-vu, sil vu plɛ]

¡Cálmese! — **Calmez-vous!** [kalme-vu!]

¡No se preocupe! — **Ne vous inquiétez pas.** [nə vuzɛ̃kjete pɑ]

Todo irá bien. — **Tout ira bien.** [tutira bjɛ̃]

Todo está bien. — **Ça va. Tout va bien.** [sa va. tu va bjɛ̃]

Venga aquí, por favor. — **Venez ici, s'il vous plaît.** [vəne isi, sil vu plɛ]

Tengo unas preguntas para usted. **J'ai des questions à vous poser.**
[ʒe de kɛstjɔ̃ a vu poze]

Espere un momento, por favor. **Attendez un moment, s'il vous plaît.**
[atɑ̃de œ̃ mɔmɑ̃, sil vu plɛ]

¿Tiene un documento de identidad? **Avez-vous une carte d'identité?**
[ave vu yn kart didɑ̃tite?]

Gracias. Puede irse ahora. **Merci. Vous pouvez partir maintenant.**
[mɛrsi. vu puve partir mɛ̃tnɑ̃]

¡Manos detrás de la cabeza! **Les mains derrière la tête!**
[le mɛ̃ dɛrjɛr la tɛt!]

¡Está arrestado! **Vous êtes arrêté!**
[vuzɛt arɛte!]

Problemas de salud

Ayudeme, por favor.	**Aidez-moi, s'il vous plaît.** [ɛde-mwa, sil vu plɛ]
No me encuentro bien.	**Je ne me sens pas bien.** [ʒə nə mə sɑ̃ pɑ bjɛ̃]
Mi marido no se encuentra bien.	**Mon mari ne se sent pas bien.** [mɔ̃ mari nə sə sɑ̃ pɑ bjɛ̃]
Mi hijo ...	**Mon fils ...** [mɔ̃ fis ...]
Mi padre ...	**Mon père ...** [mɔ̃ pɛr ...]
Mi mujer no se encuentra bien.	**Ma femme ne se sent pas bien.** [ma fam nə sə sɑ̃ pɑ bjɛ̃]
Mi hija ...	**Ma fille ...** [ma fij ...]
Mi madre ...	**Ma mère ...** [ma mɛr ...]
Me duele ...	**J'ai mal ...** [ʒe mal ...]
la cabeza	**à la tête** [a la tɛt]
la garganta	**à la gorge** [a la gɔrʒ]
el estómago	**à l'estomac** [a lɛstɔma]
un diente	**aux dents** [o dɑ̃]
Estoy mareado.	**J'ai le vertige.** [ʒe lə vɛrti:ʒ]
Él tiene fiebre.	**Il a de la fièvre.** [il a də la fjɛ:vr]
Ella tiene fiebre.	**Elle a de la fièvre.** [ɛl a də la fjɛ:vr]
No puedo respirar.	**Je ne peux pas respirer.** [ʒə nə pø pɑ rɛspire]
Me ahogo.	**J'ai du mal à respirer.** [ʒe dy mal a rɛspire]
Tengo asma.	**Je suis asthmatique.** [ʒə sɥi asmatik]
Tengo diabetes.	**Je suis diabétique.** [ʒə sɥi djabetik]

No puedo dormir.	**Je ne peux pas dormir.** [ʒə nə pø pɑ dɔrmi:r]
intoxicación alimentaria	**intoxication alimentaire** [ɛ̃tɔksikasjɔ̃ alimɑ̃tɛr]

Me duele aquí.	**Ça fait mal ici.** [sa fɛ mal isi]
¡Ayúdeme!	**Aidez-moi!** [ɛde-mwa!]
¡Estoy aquí!	**Je suis ici!** [ʒə sɥi isi!]
¡Estamos aquí!	**Nous sommes ici!** [nu sɔm isi!]
¡Saquenme de aquí!	**Sortez-moi d'ici!** [sɔrte mwa disi!]
Necesito un médico.	**J'ai besoin d'un docteur.** [ʒe bəzwɛ̃ dœ̃ dɔktœ:r]
No me puedo mover.	**Je ne peux pas bouger!** [ʒə nə pø pɑ buʒe!]
No puedo mover mis piernas.	**Je ne peux pas bouger mes jambes.** [ʒə nə pø pɑ buʒe me ʒɑ̃:b]

Tengo una herida.	**Je suis blessé /blessée/** [ʒə sɥi blɛse]
¿Es grave?	**Est-ce que c'est sérieux?** [ɛskə sɛ serjø?]
Mis documentos están en mi bolsillo.	**Mes papiers sont dans ma poche.** [me papje sɔ̃ dɑ̃ ma pɔʃ]
¡Cálmese!	**Calmez-vous!** [kalme vu!]
¿Puedo usar su teléfono?	**Puis-je utiliser votre téléphone?** [pɥiʒ ytilize vɔtr telefɔn?]

¡Llame a una ambulancia!	**Appelez une ambulance!** [aple yn ɑ̃bylɑ̃:s!]
¡Es urgente!	**C'est urgent!** [sɛtyrʒɑ̃!]
¡Es una emergencia!	**C'est une urgence!** [sɛtyn yrʒɑ̃:s!]
¡Más rápido, por favor!	**Dépêchez-vous, s'il vous plaît!** [depɛʃe-vu, sil vu plɛ!]
¿Puede llamar a un médico, por favor?	**Appelez le docteur, s'il vous plaît.** [aple lə dɔktœ:r, sil vu plɛ]
¿Dónde está el hospital?	**Où est l'hôpital?** [u ɛ lɔpital?]

¿Cómo se siente?	**Comment vous sentez-vous?** [kɔmɑ̃ vu sɑ̃te-vu?]
¿Se encuentra bien?	**Est-ce que ça va?** [ɛskə sa va?]
¿Qué pasó?	**Qu'est-il arrivé?** [kɛtil arive?]

Me encuentro mejor.	**Je me sens mieux maintenant.** [ʒə mə sɑ̃ mjø mɛ̃tnɑ̃]
Está bien.	**Ça va. Tout va bien.** [sa va. tu va bjɛ̃]
Todo está bien.	**Ça va.** [sa va]

En la farmacia

la farmacia	**pharmacie** [farmasi]
la farmacia 24 horas	**pharmacie 24 heures** [farmasi vɛ̃katr œr]
¿Dónde está la farmacia más cercana?	**Où se trouve la pharmacie la plus proche?** [u sə truv la farmasi la ply prɔʃ?]
¿Está abierta ahora?	**Est-elle ouverte en ce moment?** [ɛtɛl uvɛrt ɑ̃ sə mɔmɑ̃?]
¿A qué hora abre?	**À quelle heure ouvre-t-elle?** [a kɛl œr uvr tɛl?]
¿A qué hora cierra?	**à quelle heure ferme-t-elle?** [a kɛl œr fɛrm tɛl?]
¿Está lejos?	**C'est loin?** [sɛ lwɛ̃?]
¿Puedo llegar a pie?	**Est-ce que je peux y aller à pied?** [ɛskə ʒə pø i ale a pje?]
¿Puede mostrarme en el mapa?	**Pouvez-vous me le montrer sur la carte?** [puve vu mə lə mɔ̃tre syr la kart?]
Por favor, deme algo para ...	**Pouvez-vous me donner quelque chose contre ...** [puve vu mə dɔne kɛlkə ʃoz kɔ̃tr ...]
un dolor de cabeza	**le mal de tête** [lə mal də tɛt]
la tos	**la toux** [la tu]
el resfriado	**le rhume** [lə rym]
la gripe	**la grippe** [la grip]
la fiebre	**la fièvre** [la fjɛ:vr]
un dolor de estomago	**un mal d'estomac** [œ̃ mal dɛstɔma]
nauseas	**la nausée** [la noze]

la diarrea	**la diarrhée** [la djare]
el estreñimiento	**la constipation** [la kɔ̃stipasjɔ̃]
un dolor de espalda	**un mal de dos** [œ̃ mal də do]
un dolor de pecho	**les douleurs de poitrine** [le dulœr də pwatrin]
el flato	**les points de côté** [le pwɛ̃ də kote]
un dolor abdominal	**les douleurs abdominales** [le dulœr abdɔminal]
la píldora	**une pilule** [yn pilyl]
la crema	**un onguent, une crème** [œn ɔ̃gɑ̃, yn krɛm]
el jarabe	**un sirop** [œ̃ siro]
el spray	**un spray** [œ̃ sprɛ]
las gotas	**les gouttes** [le gut]
Tiene que ir al hospital.	**Vous devez allez à l'hôpital.** [vu dəve ale a lɔpital]
el seguro de salud	**assurance maladie** [asyrɑ̃s maladi]
la receta	**prescription** [prɛskripsjɔ̃]
el repelente de insectos	**produit anti-insecte** [prɔdɥi ɑ̃ti-ɛ̃sɛkt]
la curita	**bandages adhésifs** [bɑ̃daʒ adezif]

Lo más imprescindible

Perdone, ...	**Excusez-moi, ...** [ɛkskyze mwa, ...]
Hola.	**Bonjour** [bɔ̃ʒu:r]
Gracias.	**Merci** [mɛrsi]
Sí.	**Oui** [wi]
No.	**Non** [nɔ̃]
No lo sé.	**Je ne sais pas.** [ʒə nə sɛ pɑ]
¿Dónde? | ¿A dónde? | ¿Cuándo?	**Où? | Où? | Quand?** [u? | u? | kɑ̃?]

Necesito ...	**J'ai besoin de ...** [ʒe bəzwɛ̃ də ...]
Quiero ...	**Je veux ...** [ʒə vø ...]
¿Tiene ...?	**Avez-vous ... ?** [ave vu ...?]
¿Hay ... por aquí?	**Est-ce qu'il y a ... ici?** [ɛs kilja ... isi?]
¿Puedo ...?	**Puis-je ... ?** [pɥiʒ ...?]
..., por favor? (petición educada)	**..., s'il vous plaît** [..., sil vu plɛ]

Busco ...	**Je cherche ...** [ʒə ʃɛrʃ ...]
el servicio	**les toilettes** [le twalɛt]
un cajero automático	**un distributeur** [œ̃ distribytœ:r]
una farmacia	**une pharmacie** [yn farmasi]
el hospital	**l'hôpital** [lɔpital]
la comisaría	**le commissariat de police** [lə kɔmisarja də pɔlis]
el metro	**une station de métro** [yn stasjɔ̃ də metro]

un taxi	**un taxi** [œ̃ taksi]
la estación de tren	**la gare** [la gar]

Me llamo ...	**Je m'appelle ...** [ʒə mapɛl ...]
¿Cómo se llama?	**Comment vous appelez-vous?** [kɔmɑ̃ vuzaple-vu?]
¿Puede ayudarme, por favor?	**Aidez-moi, s'il vous plaît.** [ɛde-mwa, sil vu plɛ]
Tengo un problema.	**J'ai un problème.** [ʒe œ̃ prɔblɛm]
Me encuentro mal.	**Je ne me sens pas bien.** [ʒə nə mə sɑ̃ pɑ bjɛ̃]
¡Llame a una ambulancia!	**Appelez une ambulance!** [aple yn ɑ̃bylɑ̃:s!]
¿Puedo llamar, por favor?	**Puis-je faire un appel?** [pɥiʒ fɛr œn apɛl?]

Lo siento.	**Excusez-moi.** [ɛkskyze mwa]
De nada.	**Je vous en prie.** [ʒə vuzɑ̃pri]

Yo	**je, moi** [ʒə, mwa]
tú	**tu, toi** [ty, twa]
él	**il** [il]
ella	**elle** [ɛl]
ellos	**ils** [il]
ellas	**elles** [ɛl]
nosotros /nosotras/	**nous** [nu]
ustedes, vosotros	**vous** [vu]
usted	**Vous** [vu]

ENTRADA	**ENTRÉE** [ɑ̃tre]
SALIDA	**SORTIE** [sɔrti]
FUERA DE SERVICIO	**HORS SERVICE | EN PANNE** [ɔr sɛrvis | ɑ̃ pan]

CERRADO	**FERMÉ** [fɛrme]
ABIERTO	**OUVERT** [uvɛr]
PARA SEÑORAS	**POUR LES FEMMES** [pur le fam]
PARA CABALLEROS	**POUR LES HOMMES** [pur le zɔm]

VOCABULARIO TEMÁTICO

Esta sección contiene más de 3.000 de las palabras más importantes. El diccionario le proporcionará una ayuda inestimable mientras viaja al extranjero, porque las palabras individuales son a menudo suficientes para que le entiendan.
El diccionario incluye una transcripción adecuada de cada palabra extranjera

T&P Books Publishing

CONTENIDO DEL DICCIONARIO

T&P Books Publishing

CONCEPTOS BÁSICOS

T&P Books Publishing

1. Los pronombres

yo	**je**	[ʒə]
tú	**tu**	[ty]
él	**il**	[il]
ella	**elle**	[ɛl]
ello	**ça**	[sa]
nosotros, -as	**nous**	[nu]
vosotros, -as	**vous**	[vu]
ellos	**ils**	[il]
ellas	**elles**	[ɛl]

2. Saludos. Salutaciones

¡Hola! (fam.)	**Bonjour!**	[bɔ̃ʒur]
¡Hola! (form.)	**Bonjour!**	[bɔ̃ʒur]
¡Buenos días!	**Bonjour!**	[bɔ̃ʒur]
¡Buenas tardes!	**Bonjour!**	[bɔ̃ʒur]
¡Buenas noches!	**Bonsoir!**	[bɔ̃swar]
decir hola	**dire bonjour**	[dir bɔ̃ʒur]
¡Hola! (a un amigo)	**Salut!**	[saly]
saludo (m)	**salut** (m)	[saly]
saludar (vt)	**saluer** (vt)	[salɥe]
¿Cómo estáis?	**Comment allez-vous?**	[kɔmɑ̃talevu]
¿Cómo estás?	**Comment ça va?**	[kɔmɑ̃ sa va]
¿Qué hay de nuevo?	**Quoi de neuf?**	[kwa də nœf]
¡Chau! ¡Adiós!	**Au revoir!**	[orəvwar]
¡Hasta pronto!	**À bientôt!**	[ɑ bjɛ̃to]
¡Adiós!	**Adieu!**	[adjø]
despedirse (vr)	**dire au revoir**	[dir ərəvwar]
¡Hasta luego!	**Salut!**	[saly]
¡Gracias!	**Merci!**	[mɛrsi]
¡Muchas gracias!	**Merci beaucoup!**	[mɛrsi boku]
De nada	**Je vous en prie**	[ʒə vuzɑ̃pri]
No hay de qué	**Il n'y a pas de quoi**	[il njapɑ də kwa]
De nada	**Pas de quoi**	[pɑ də kwa]
¡Disculpa!	**Excuse-moi!**	[ɛkskyz mwa]
¡Disculpe!	**Excusez-moi!**	[ɛkskyze mwa]

disculpar (vt)	**excuser** (vt)	[ɛkskyze]
disculparse (vr)	**s'excuser** (vp)	[sɛkskyze]
Mis disculpas	**Mes excuses**	[me zɛkskyz]
¡Perdóneme!	**Pardonnez-moi!**	[pardɔne mwa]
perdonar (vt)	**pardonner** (vt)	[pardɔne]
¡No pasa nada!	**C'est pas grave**	[sepagrav]
por favor	**s'il vous plaît**	[silvuple]
¡No se le olvide!	**N'oubliez pas!**	[nublije pɑ]
¡Ciertamente!	**Bien sûr!**	[bjɛ̃ sy:r]
¡Claro que no!	**Bien sûr que non!**	[bjɛ̃ syr kə nɔ̃]
¡De acuerdo!	**D'accord!**	[dakɔr]
¡Basta!	**Ça suffit!**	[sa syfi]

3. Las preguntas

¿Quién?	**Qui?**	[ki]
¿Qué?	**Quoi?**	[kwa]
¿Dónde?	**Où?**	[u]
¿Adónde?	**Où?**	[u]
¿De dónde?	**D'où?**	[du]
¿Cuándo?	**Quand?**	[kɑ̃]
¿Para qué?	**Pourquoi?**	[purkwa]
¿Por qué?	**Pourquoi?**	[purkwa]
¿Por qué razón?	**À quoi bon?**	[ɑ kwa bɔ̃]
¿Cómo?	**Comment?**	[kɔmɑ̃]
¿Qué ...? (~ color)	**Quel?**	[kɛl]
¿Cuál?	**Lequel?**	[ləkɛl]
¿A quién?	**À qui?**	[ɑ ki]
¿De quién? (~ hablan ...)	**De qui?**	[də ki]
¿De qué?	**De quoi?**	[də kwa]
¿Con quién?	**Avec qui?**	[avɛk ki]
¿Cuánto?	**Combien?**	[kɔ̃bjɛ̃]
¿De quién? (~ es este ...)	**À qui?**	[ɑ ki]

4. Las preposiciones

con ... (~ algn)	**avec ...** (prep)	[avɛk]
sin ... (~ azúcar)	**sans ...** (prep)	[sɑ̃]
a ... (p.ej. voy a México)	**à ...** (prep)	[ɑ]
de ... (hablar ~)	**de ...** (prep)	[də]
antes de ...	**avant ...** (prep)	[avɑ̃]
delante de ...	**devant ...** (prep)	[dəvɑ̃]
debajo de ...	**sous ...** (prep)	[su]
sobre ..., encima de ...	**au-dessus de ...** (prep)	[odsy də]

en, sobre (~ la mesa)	**sur ...** (prep)	[syr]
de (origen)	**de ...** (prep)	[də]
de (fabricado de)	**en ...** (prep)	[ɑ̃]
dentro de ...	**dans ...** (prep)	[dɑ̃]
encima de ...	**par dessus ...** (prep)	[par dəsy]

5. Las palabras útiles. Los adverbios. Unidad 1

¿Dónde?	**Où?**	[u]
aquí (adv)	**ici** (adv)	[isi]
allí (adv)	**là-bas** (adv)	[laba]
en alguna parte	**quelque part** (adv)	[kɛlkə par]
en ninguna parte	**nulle part** (adv)	[nyl par]
junto a ...	**près de ...** (prep)	[prɛ də]
junto a la ventana	**près de la fenêtre**	[prɛdə la fənɛtr]
¿A dónde?	**Où?**	[u]
aquí (venga ~)	**ici** (adv)	[isi]
allí (vendré ~)	**là-bas** (adv)	[laba]
de aquí (adv)	**d'ici** (adv)	[disi]
de allí (adv)	**de là-bas** (adv)	[də laba]
cerca (no lejos)	**près** (adv)	[prɛ]
lejos (adv)	**loin** (adv)	[lwɛ̃]
cerca de ...	**près de ...**	[prɛ də]
al lado (de ...)	**tout près** (adv)	[tu prɛ]
no lejos (adv)	**pas loin** (adv)	[pɑ lwɛ̃]
izquierdo (adj)	**gauche** (adj)	[goʃ]
a la izquierda (situado ~)	**à gauche** (adv)	[ɑgoʃ]
a la izquierda (girar ~)	**à gauche** (adv)	[ɑgoʃ]
derecho (adj)	**droit** (adj)	[drwa]
a la derecha (situado ~)	**à droite** (adv)	[ɑdrwat]
a la derecha (girar)	**à droite** (adv)	[ɑdrwat]
delante (yo voy ~)	**devant** (adv)	[dəvɑ̃]
delantero (adj)	**de devant** (adj)	[də dəvɑ̃]
adelante (movimiento)	**en avant** (adv)	[ɑn avɑ̃]
detrás de ...	**derrière** (adv)	[dɛrjɛr]
desde atrás	**par derrière** (adv)	[par dɛrjɛr]
atrás (da un paso ~)	**en arrière** (adv)	[ɑn arjɛr]
centro (m), medio (m)	**milieu** (m)	[miljø]
en medio (adv)	**au milieu** (adv)	[omiljø]

de lado (adv)	**de côté** (adv)	[də kote]
en todas partes	**partout** (adv)	[partu]
alrededor (adv)	**autour** (adv)	[otur]
de dentro (adv)	**de l'intérieur**	[də lɛ̃terjœr]
a alguna parte	**quelque part** (adv)	[kɛlkə par]
todo derecho (adv)	**tout droit** (adv)	[tu drwa]
atrás (muévelo para ~)	**en arrière** (adv)	[ɑn arjɛr]
de alguna parte (adv)	**de quelque part**	[də kɛlkə par]
no se sabe de dónde	**de quelque part**	[də kɛlkə par]
primero (adv)	**premièrement** (adv)	[prəmjɛrmɑ̃]
segundo (adv)	**deuxièmement** (adv)	[døzjɛmmɑ̃]
tercero (adv)	**troisièmement** (adv)	[trwazjɛmmɑ̃]
de súbito (adv)	**soudain** (adv)	[sudɛ̃]
al principio (adv)	**au début** (adv)	[odeby]
por primera vez	**pour la première fois**	[pur la prəmjɛr fwa]
mucho tiempo antes ...	**bien avant ...**	[bjɛn avɑ̃]
de nuevo (adv)	**de nouveau** (adv)	[də nuvo]
para siempre (adv)	**pour toujours** (adv)	[pur tuʒur]
jamás, nunca (adv)	**jamais** (adv)	[ʒamɛ]
de nuevo (adv)	**de nouveau, encore** (adv)	[də nuvo], [ɑ̃kɔr]
ahora (adv)	**maintenant** (adv)	[mɛ̃tnɑ̃]
frecuentemente (adv)	**souvent** (adv)	[suvɑ̃]
entonces (adv)	**alors** (adv)	[alɔr]
urgentemente (adv)	**d'urgence** (adv)	[dyrʒɑ̃s]
usualmente (adv)	**d'habitude** (adv)	[dabityd]
a propósito, ...	**à propos, ...**	[ɑprɔpo]
es probable	**c'est possible**	[sepɔsibl]
probablemente (adv)	**probablement** (adv)	[prɔbabləmɑ̃]
tal vez	**peut-être** (adv)	[pøtɛtr]
además ...	**en plus, ...**	[ɑ̃plys]
por eso ...	**c'est pourquoi ...**	[se purkwa]
a pesar de ...	**malgré ...**	[malgre]
gracias a ...	**grâce à ...**	[gras ɑ]
qué (pron)	**quoi** (pron)	[kwa]
que (conj)	**que** (conj)	[kə]
algo (~ le ha pasado)	**quelque chose** (pron)	[kɛlkə ʃoz]
algo (~ así)	**quelque chose** (pron)	[kɛlkə ʃoz]
nada (f)	**rien**	[rjɛ̃]
quien	**qui** (pron)	[ki]
alguien (viene ~)	**quelqu'un** (pron)	[kɛlkœ̃]
alguien (¿ha llamado ~?)	**quelqu'un** (pron)	[kɛlkœ̃]
nadie	**personne** (pron)	[pɛrsɔn]
a ninguna parte	**nulle part** (adv)	[nyl par]

de nadie	**de personne**	[də pɛrsɔn]
de alguien	**de n'importe qui**	[də nɛ̃pɔrt ki]
tan, tanto (adv)	**comme ça** (adv)	[kɔmsa]
también (~ habla francés)	**également** (adv)	[egalmɑ̃]
también (p.ej. Yo ~)	**aussi** (adv)	[osi]

6. Las palabras útiles. Los adverbios. Unidad 2

¿Por qué?	**Pourquoi?**	[purkwa]
no se sabe porqué	**pour une certaine raison**	pur yn sɛrtɛn rɛzɔ̃]
porque ...	**parce que ...**	[parskə]
por cualquier razón (adv)	**pour une raison quelconque**	[pur yn rɛzɔ̃ kɛlkɔ̃k]
y (p.ej. uno y medio)	**et** (conj)	[e]
o (p.ej. té o café)	**ou** (conj)	[u]
pero (p.ej. me gusta, ~)	**mais** (conj)	[mɛ]
para (p.ej. es para ti)	**pour ...** (prep)	[pur]
demasiado (adv)	**trop** (adv)	[tro]
sólo, solamente (adv)	**seulement** (adv)	[sœlmɑ̃]
exactamente (adv)	**précisément** (adv)	[presizemɑ̃]
unos ..., cerca de ... (~ 10 kg)	**près de ...** (prep)	[prɛ də]
aproximadamente	**approximativement**	[aprɔksimativmɑ̃]
aproximado (adj)	**approximatif** (adj)	[aprɔksimatif]
casi (adv)	**presque** (adv)	[prɛsk]
resto (m)	**reste** (m)	[rɛst]
el otro (adj)	**l'autre** (adj)	[lotr]
otro (p.ej. el otro día)	**autre** (adj)	[otr]
cada (adj)	**chaque** (adj)	[ʃak]
cualquier (adj)	**n'importe quel** (adj)	[nɛ̃pɔrt kɛl]
mucho (adv)	**beaucoup** (adv)	[boku]
muchos (mucha gente)	**beaucoup de gens**	[boku də ʒɑ̃]
todos	**tous**	[tus]
a cambio de ...	**en échange de ...**	[ɑn eʃɑ̃ʒ də ...]
en cambio (adv)	**en échange** (adv)	[ɑn eʃɑ̃ʒ]
a mano (hecho ~)	**à la main** (adv)	[ɑlamɛ̃]
poco probable	**peu probable**	[pø prɔbabl]
probablemente	**probablement** (adv)	[prɔbabləmɑ̃]
a propósito (adv)	**exprès** (adv)	[ɛksprɛ]
por accidente (adv)	**par accident** (adv)	[par aksidɑ̃]
muy (adv)	**très** (adv)	[trɛ]
por ejemplo (adv)	**par exemple** (adv)	[par ɛgzɑ̃p]

entre (~ nosotros)	**entre ...** (prep)	[ɑ̃tr]
entre (~ otras cosas)	**parmi ...** (prep)	[parmi]
tanto (~ gente)	**autant** (adv)	[otɑ̃]
especialmente (adv)	**surtout** (adv)	[syrtu]

NÚMEROS. MISCELÁNEA

T&P Books Publishing

7. Números cardinales. Unidad 1

cero	**zéro**	[zero]
uno	**un**	[œ̃]
dos	**deux**	[dø]
tres	**trois**	[trwa]
cuatro	**quatre**	[katr]
cinco	**cinq**	[sɛ̃k]
seis	**six**	[sis]
siete	**sept**	[sɛt]
ocho	**huit**	[ɥit]
nueve	**neuf**	[nœf]
diez	**dix**	[dis]
once	**onze**	[ɔ̃z]
doce	**douze**	[duz]
trece	**treize**	[trɛz]
catorce	**quatorze**	[katɔrz]
quince	**quinze**	[kɛ̃z]
dieciséis	**seize**	[sɛz]
diecisiete	**dix-sept**	[disɛt]
dieciocho	**dix-huit**	[dizɥit]
diecinueve	**dix-neuf**	[diznœf]
veinte	**vingt**	[vɛ̃]
veintiuno	**vingt et un**	[vɛ̃teœ̃]
veintidós	**vingt-deux**	[vɛ̃tdø]
veintitrés	**vingt-trois**	[vɛ̃trwa]
treinta	**trente**	[trɑ̃t]
treinta y uno	**trente et un**	[trɑ̃teœ̃]
treinta y dos	**trente-deux**	[trɑ̃t dø]
treinta y tres	**trente-trois**	[trɑ̃t trwa]
cuarenta	**quarante**	[karɑ̃t]
cuarenta y uno	**quarante et un**	[karɑ̃teœ̃]
cuarenta y dos	**quarante-deux**	[karɑ̃t dø]
cuarenta y tres	**quarante-trois**	[karɑ̃t trwa]
cincuenta	**cinquante**	[sɛ̃kɑ̃t]
cincuenta y uno	**cinquante et un**	[sɛ̃kɑ̃teœ̃]
cincuenta y dos	**cinquante-deux**	[sɛ̃kɑ̃t dø]
cincuenta y tres	**cinquante-trois**	[sɛ̃kɑ̃t trwa]
sesenta	**soixante**	[swasɑ̃t]

sesenta y uno	**soixante et un**	[swasɑ̃teœ̃]
sesenta y dos	**soixante-deux**	[swasɑ̃t dø]
sesenta y tres	**soixante-trois**	[swasɑ̃t trwa]
setenta	**soixante-dix**	[swasɑ̃tdis]
setenta y uno	**soixante et onze**	[swasɑ̃te ɔ̃z]
setenta y dos	**soixante-douze**	[swasɑ̃t duz]
setenta y tres	**soixante-treize**	[swasɑ̃t trɛz]
ochenta	**quatre-vingts**	[katrəvɛ̃]
ochenta y uno	**quatre-vingt et un**	[katrəvɛ̃teœ̃]
ochenta y dos	**quatre-vingt deux**	[katrəvɛ̃ dø]
ochenta y tres	**quatre-vingt trois**	[katrəvɛ̃ trwa]
noventa	**quatre-vingt-dix**	[katrəvɛ̃dis]
noventa y uno	**quatre-vingt et onze**	[katrəvɛ̃ teɔ̃z]
noventa y dos	**quatre-vingt-douze**	[katrəvɛ̃ duz]
noventa y tres	**quatre-vingt-treize**	[katrəvɛ̃ trɛz]

8. Números cardinales. Unidad 2

cien	**cent**	[sɑ̃]
doscientos	**deux cents**	[dø sɑ̃]
trescientos	**trois cents**	[trwa sɑ̃]
cuatrocientos	**quatre cents**	[katr sɑ̃]
quinientos	**cinq cents**	[sɛ̃k sɑ̃]
seiscientos	**six cents**	[si sɑ̃]
setecientos	**sept cents**	[sɛt sɑ̃]
ochocientos	**huit cents**	[ɥi sɑ̃]
novecientos	**neuf cents**	[nœf sɑ̃]
mil	**mille**	[mil]
dos mil	**deux mille**	[dø mil]
tres mil	**trois mille**	[trwa mil]
diez mil	**dix mille**	[di mil]
cien mil	**cent mille**	[sɑ̃ mil]
millón (m)	**million** (m)	[miljɔ̃]
mil millones	**milliard** (m)	[miljar]

9. Números ordinales

primero (adj)	**premier** (adj)	[prəmje]
segundo (adj)	**deuxième** (adj)	[døzjɛm]
tercero (adj)	**troisième** (adj)	[trwazjɛm]
cuarto (adj)	**quatrième** (adj)	[katrijɛm]
quinto (adj)	**cinquième** (adj)	[sɛ̃kjɛm]
sexto (adj)	**sixième** (adj)	[sizjɛm]

séptimo (adj)	**septième** (adj)	[sɛtjɛm]
octavo (adj)	**huitième** (adj)	[ɥitjɛm]
noveno (adj)	**neuvième** (adj)	[nœvjɛm]
décimo (adj)	**dixième** (adj)	[dizjɛm]

LOS COLORES. LAS UNIDADES DE MEDIDA

T&P Books Publishing

10. Los colores

color (m)	**couleur** (f)	[kulœr]
matiz (m)	**teinte** (f)	[tɛ̃t]
tono (m)	**ton** (m)	[tɔ̃]
arco (m) iris	**arc-en-ciel** (m)	[arkɑ̃sjɛl]
blanco (adj)	**blanc** (adj)	[blɑ̃]
negro (adj)	**noir** (adj)	[nwar]
gris (adj)	**gris** (adj)	[gri]
verde (adj)	**vert** (adj)	[vɛr]
amarillo (adj)	**jaune** (adj)	[ʒon]
rojo (adj)	**rouge** (adj)	[ruʒ]
azul (adj)	**bleu** (adj)	[blø]
azul claro (adj)	**bleu clair** (adj)	[blø klɛr]
rosa (adj)	**rose** (adj)	[roz]
naranja (adj)	**orange** (adj)	[ɔrɑ̃ʒ]
violeta (adj)	**violet** (adj)	[vjɔlɛ]
marrón (adj)	**brun** (adj)	[brœ̃]
dorado (adj)	**d'or** (adj)	[dɔr]
argentado (adj)	**argenté** (adj)	[arʒɑ̃te]
beige (adj)	**beige** (adj)	[bɛʒ]
crema (adj)	**crème** (adj)	[krɛm]
turquesa (adj)	**turquoise** (adj)	[tyrkwaz]
rojo cereza (adj)	**rouge cerise** (adj)	[ruʒ səriz]
lila (adj)	**lilas** (adj)	[lila]
carmesí (adj)	**framboise** (adj)	[frɑ̃bwaz]
claro (adj)	**clair** (adj)	[klɛr]
oscuro (adj)	**foncé** (adj)	[fɔ̃se]
vivo (adj)	**vif** (adj)	[vif]
de color (lápiz ~)	**de couleur** (adj)	[də kulœr]
en colores (película ~)	**en couleurs** (adj)	[ɑ̃ kulœr]
blanco y negro (adj)	**noir et blanc** (adj)	[nwar e blɑ̃]
unicolor (adj)	**unicolore** (adj)	[ynikɔlɔr]
multicolor (adj)	**multicolore** (adj)	[myltikɔlɔr]

11. Las unidades de medida

peso (m)	**poids** (m)	[pwa]
longitud (f)	**longueur** (f)	[lɔ̃gœr]

anchura (f) **largeur** (f) [larʒœr]
altura (f) **hauteur** (f) [otœr]
profundidad (f) **profondeur** (f) [prɔfɔ̃dœr]
volumen (m) **volume** (m) [vɔlym]
área (f) **aire** (f) [ɛr]

gramo (m) **gramme** (m) [gram]
miligramo (m) **milligramme** (m) [miligram]
kilogramo (m) **kilogramme** (m) [kilɔgram]
tonelada (f) **tonne** (f) [tɔn]
libra (f) **livre** (f) [livr]
onza (f) **once** (f) [ɔ̃s]

metro (m) **mètre** (m) [mɛtr]
milímetro (m) **millimètre** (m) [milimɛtr]
centímetro (m) **centimètre** (m) [sɑ̃timɛtr]
kilómetro (m) **kilomètre** (m) [kilɔmɛtr]
milla (f) **mille** (m) [mil]

pulgada (f) **pouce** (m) [pus]
pie (m) **pied** (m) [pje]
yarda (f) **yard** (m) [jard]

metro (m) cuadrado **mètre** (m) **carré** [mɛtr kare]
hectárea (f) **hectare** (m) [ɛktar]
litro (m) **litre** (m) [litr]
grado (m) **degré** (m) [dəgre]
voltio (m) **volt** (m) [vɔlt]
amperio (m) **ampère** (m) [ɑ̃pɛr]
caballo (m) de fuerza **cheval-vapeur** (m) [ʃəvalvapœr]

cantidad (f) **quantité** (f) [kɑ̃tite]
un poco de ... **un peu de ...** [œ̃ pø də]
mitad (f) **moitié** (f) [mwatje]
docena (f) **douzaine** (f) [duzɛn]
pieza (f) **pièce** (f) [pjɛs]

dimensión (f) **dimension** (f) [dimɑ̃sjɔ̃]
escala (f) (del mapa) **échelle** (f) [eʃɛl]

mínimo (adj) **minimal** (adj) [minimal]
el más pequeño (adj) **le plus petit** (adj) [lə ply pəti]
medio (adj) **moyen** (adj) [mwajɛ̃]
máximo (adj) **maximal** (adj) [maksimal]
el más grande (adj) **le plus grand** (adj) [lə ply grɑ̃]

12. Contenedores

tarro (m) de vidrio **bocal** (m) **en verre** [bɔkal ɑ̃ vɛr]
lata (f) de hojalata **boîte, canette** (f) [bwat], [kanɛt]

cubo (m)	**seau** (m)	[so]
barril (m)	**tonneau** (m)	[tɔno]
palangana (f)	**bassine, cuvette** (f)	[basin], [kyvɛt]
tanque (m)	**cuve** (f)	[kyv]
petaca (f) (de alcohol)	**flasque** (f)	[flask]
bidón (m) de gasolina	**jerrican** (m)	[ʒerikan]
cisterna (f)	**citerne** (f)	[sitɛrn]
taza (f) (mug de cerámica)	**tasse** (f), **mug** (m)	[tɑs], [mʌg]
taza (f) (~ de café)	**tasse** (f)	[tɑs]
platillo (m)	**soucoupe** (f)	[sukup]
vaso (m) (~ de agua)	**verre** (m)	[vɛr]
copa (f) (~ de vino)	**verre** (m) **à vin**	[vɛr ɑ vɛ̃]
olla (f)	**faitout** (m)	[fɛtu]
botella (f)	**bouteille** (f)	[butɛj]
cuello (m) de botella	**goulot** (m)	[gulo]
garrafa (f)	**carafe** (f)	[karaf]
jarro (m) (~ de agua)	**pichet** (m)	[piʃɛ]
recipiente (m)	**récipient** (m)	[resipjɑ̃]
tarro (m)	**pot** (m)	[po]
florero (m)	**vase** (m)	[vaz]
frasco (m) (~ de perfume)	**flacon** (m)	[flakɔ̃]
frasquito (m)	**fiole** (f)	[fjɔl]
tubo (m)	**tube** (m)	[tyb]
saco (m) (~ de azúcar)	**sac** (m)	[sak]
bolsa (f) (~ plástica)	**sac** (m)	[sak]
paquete (m) (~ de cigarrillos)	**paquet** (m)	[pakɛ]
caja (f)	**boîte** (f)	[bwat]
cajón (m) (~ de madera)	**caisse** (f)	[kɛs]
cesta (f)	**panier** (m)	[panje]

LOS VERBOS MÁS IMPORTANTES

T&P Books Publishing

13. Los verbos más importantes. Unidad 1

abrir (vt)	**ouvrir** (vt)	[uvrir]
acabar, terminar (vt)	**finir** (vt)	[finir]
aconsejar (vt)	**conseiller** (vt)	[kɔ̃seje]
adivinar (vt)	**deviner** (vt)	[dəvine]
advertir (vt)	**avertir** (vt)	[avɛrtir]
alabarse, jactarse (vr)	**se vanter** (vp)	[sə vɑ̃te]
almorzar (vi)	**déjeuner** (vi)	[deʒœne]
alquilar (~ una casa)	**louer** (vt)	[lwe]
amenazar (vt)	**menacer** (vt)	[mənase]
arrepentirse (vr)	**regretter** (vt)	[rəgrɛte]
ayudar (vt)	**aider** (vt)	[ede]
bañarse (vr)	**se baigner** (vp)	[sə beɲe]
bromear (vi)	**plaisanter** (vi)	[plɛzɑ̃te]
buscar (vt)	**chercher** (vt)	[ʃɛrʃe]
caer (vi)	**tomber** (vi)	[tɔ̃be]
callarse (vr)	**rester silencieux**	[rɛste silɑ̃sjø]
cambiar (vt)	**changer** (vt)	[ʃɑ̃ʒe]
castigar, punir (vt)	**punir** (vt)	[pynir]
cavar (vt)	**creuser** (vt)	[krøze]
cazar (vi, vt)	**chasser** (vi, vt)	[ʃase]
cenar (vi)	**dîner** (vi)	[dine]
cesar (vt)	**cesser** (vt)	[sese]
coger (vt)	**attraper** (vt)	[atrape]
comenzar (vt)	**commencer** (vt)	[kɔmɑ̃se]
comparar (vt)	**comparer** (vt)	[kɔ̃pare]
comprender (vt)	**comprendre** (vt)	[kɔ̃prɑ̃dr]
confiar (vt)	**avoir confiance**	[avwar kɔ̃fjɑ̃s]
confundir (vt)	**confondre** (vt)	[kɔ̃fɔ̃dr]
conocer (~ a alguien)	**connaître** (vt)	[kɔnɛtr]
contar (vt) (enumerar)	**compter** (vi, vt)	[kɔ̃te]
contar con ...	**compter sur ...**	[kɔ̃te syr]
continuar (vt)	**continuer** (vt)	[kɔ̃tinɥe]
controlar (vt)	**contrôler** (vt)	[kɔ̃trole]
correr (vi)	**courir** (vt)	[kurir]
costar (vt)	**coûter** (vt)	[kute]
crear (vt)	**créer** (vt)	[kree]

14. Los verbos más importantes. Unidad 2

dar (vt)	**donner** (vt)	[dɔne]
dar una pista	**donner un indice**	[dɔne ynɛ̃dis]
decir (vt)	**dire** (vt)	[dir]
decorar (para la fiesta)	**décorer** (vt)	[dekɔre]
defender (vt)	**défendre** (vt)	[defɑ̃dr]
dejar caer	**faire tomber**	[fɛr tɔ̃be]
desayunar (vi)	**prendre le petit déjeuner**	[prɑ̃dr ləpti deʒœne]
descender (vi)	**descendre** (vi)	[desɑ̃dr]
dirigir (administrar)	**diriger** (vt)	[diriʒe]
disculpar (vt)	**excuser** (vt)	[ɛkskyze]
disculparse (vr)	**s'excuser** (vp)	[sɛkskyze]
discutir (vt)	**discuter** (vt)	[diskyte]
dudar (vt)	**douter** (vt)	[dute]
encontrar (hallar)	**trouver** (vt)	[truve]
engañar (vi, vt)	**tromper** (vt)	[trɔ̃pe]
entrar (vi)	**entrer** (vi)	[ɑ̃tre]
enviar (vt)	**envoyer** (vt)	[ɑ̃vwaje]
equivocarse (vr)	**se tromper** (vp)	[sə trɔ̃pe]
escoger (vt)	**choisir** (vt)	[ʃwazir]
esconder (vt)	**cacher** (vt)	[kaʃe]
escribir (vt)	**écrire** (vt)	[ekrir]
esperar (aguardar)	**attendre** (vt)	[atɑ̃dr]
esperar (tener esperanza)	**espérer** (vi)	[ɛspere]
estar de acuerdo	**être d'accord**	[ɛtr dakɔr]
estudiar (vt)	**étudier** (vt)	[etydje]
exigir (vt)	**exiger** (vt)	[ɛgziʒe]
existir (vi)	**exister** (vi)	[ɛgziste]
explicar (vt)	**expliquer** (vt)	[ɛksplike]
faltar (a las clases)	**manquer** (vt)	[mɑ̃ke]
firmar (~ el contrato)	**signer** (vt)	[siɲe]
girar (~ a la izquierda)	**tourner** (vi)	[turne]
gritar (vi)	**crier** (vi)	[krije]
guardar (conservar)	**garder** (vt)	[garde]
gustar (vi)	**plaire** (vt)	[plɛr]
hablar (vi, vt)	**parler** (vi, vt)	[parle]
hacer (vt)	**faire** (vt)	[fɛr]
informar (vt)	**informer** (vt)	[ɛ̃fɔrme]
insistir (vi)	**insister** (vi)	[ɛ̃siste]
insultar (vt)	**insulter** (vt)	[ɛ̃sylte]
interesarse (vr)	**s'intéresser** (vp)	[sɛ̃terese]
invitar (vt)	**inviter** (vt)	[ɛ̃vite]

ir (a pie)	**aller** (vi)	[ale]
jugar (divertirse)	**jouer** (vt)	[ʒwe]

15. Los verbos más importantes. Unidad 3

leer (vi, vt)	**lire** (vi, vt)	[lir]
liberar (ciudad, etc.)	**libérer** (vt)	[libere]
llamar (por ayuda)	**appeler** (vt)	[aple]
llegar (vi)	**venir** (vi)	[vənir]
llorar (vi)	**pleurer** (vi)	[plœre]
matar (vt)	**tuer** (vt)	[tɥe]
mencionar (vt)	**mentionner** (vt)	[mɑ̃sjɔne]
mostrar (vt)	**montrer** (vt)	[mɔ̃tre]
nadar (vi)	**nager** (vi)	[naʒe]
negarse (vr)	**se refuser** (vp)	[sə rəfyze]
objetar (vt)	**objecter** (vt)	[ɔbʒɛkte]
observar (vt)	**observer** (vt)	[ɔpsɛrve]
oír (vt)	**entendre** (vt)	[ɑ̃tɑ̃dr]
olvidar (vt)	**oublier** (vt)	[ublije]
orar (vi)	**prier** (vt)	[prije]
ordenar (mil.)	**ordonner** (vt)	[ɔrdɔne]
pagar (vi, vt)	**payer** (vi, vt)	[peje]
pararse (vr)	**s'arrêter** (vp)	[sarete]
participar (vi)	**participer à ...**	[partisipe a]
pedir (ayuda, etc.)	**demander** (vt)	[dəmɑ̃de]
pedir (en restaurante)	**commander** (vt)	[kɔmɑ̃de]
pensar (vi, vt)	**penser** (vi, vt)	[pɑ̃se]
percibir (ver)	**apercevoir** (vt)	[apɛrsəvwar]
perdonar (vt)	**pardonner** (vt)	[pardɔne]
permitir (vt)	**permettre** (vt)	[pɛrmɛtr]
pertenecer a ...	**appartenir à ...**	[apartənir a]
planear (vt)	**planifier** (vt)	[planifje]
poder (v aux)	**pouvoir** (v aux)	[puvwar]
poseer (vt)	**posséder** (vt)	[pɔsede]
preferir (vt)	**préférer** (vt)	[prefere]
preguntar (vt)	**demander** (vt)	[dəmɑ̃de]
preparar (la cena)	**préparer** (vt)	[prepare]
prever (vt)	**prévoir** (vt)	[prevwar]
probar, tentar (vt)	**essayer** (vt)	[eseje]
prometer (vt)	**promettre** (vt)	[prɔmɛtr]
pronunciar (vt)	**prononcer** (vt)	[prɔnɔ̃se]
proponer (vt)	**proposer** (vt)	[prɔpoze]
quebrar (vt)	**casser** (vt)	[kase]

quejarse (vr)	**se plaindre** (vp)	[sə plɛ̃dr]
querer (amar)	**aimer** (vt)	[eme]
querer (desear)	**vouloir** (vt)	[vulwar]

16. Los verbos más importantes. Unidad 4

recomendar (vt)	**recommander** (vt)	[rəkɔmɑ̃de]
regañar, reprender (vt)	**gronder** (vt), **réprimander** (vt)	[grɔ̃de], [reprimɑ̃de]
reírse (vr)	**rire** (vi)	[rir]
repetir (vt)	**répéter** (vt)	[repete]
reservar (~ una mesa)	**réserver** (vt)	[rezɛrve]
responder (vi, vt)	**répondre** (vi, vt)	[repɔ̃dr]
robar (vt)	**voler** (vt)	[vɔle]
saber (~ algo mas)	**savoir** (vt)	[savwar]
salir (vi)	**sortir** (vi)	[sɔrtir]
salvar (vt)	**sauver** (vt)	[sove]
seguir ...	**suivre** (vt)	[sɥivr]
sentarse (vr)	**s'asseoir** (vp)	[saswar]
ser necesario	**être nécessaire**	[ɛtr nesesɛr]
ser, estar (vi)	**être** (vi)	[ɛtr]
significar (vt)	**signifier** (vt)	[siɲifje]
sonreír (vi)	**sourire** (vi)	[surir]
sorprenderse (vr)	**s'étonner** (vp)	[setɔne]
subestimar (vt)	**sous-estimer** (vt)	[suzɛstime]
tener (vt)	**avoir** (vt)	[avwar]
tener hambre	**avoir faim**	[avwar fɛ̃]
tener miedo	**avoir peur**	[avwar pœr]
tener prisa	**être pressé**	[ɛtr prese]
tener sed	**avoir soif**	[avwar swaf]
tirar, disparar (vi)	**tirer** (vi)	[tire]
tocar (con las manos)	**toucher** (vt)	[tuʃe]
tomar (vt)	**prendre** (vt)	[prɑ̃dr]
tomar nota	**prendre en note**	[prɑ̃dr ɑ̃ nɔt]
trabajar (vi)	**travailler** (vi)	[travaje]
traducir (vt)	**traduire** (vt)	[tradɥir]
unir (vt)	**réunir** (vt)	[reynir]
vender (vt)	**vendre** (vt)	[vɑ̃dr]
ver (vt)	**voir** (vt)	[vwar]
volar (pájaro, avión)	**voler** (vi)	[vɔle]

LA HORA. EL CALENDARIO

T&P Books Publishing

17. Los días de la semana

lunes (m)	**lundi** (m)	[lœ̃di]
martes (m)	**mardi** (m)	[mardi]
miércoles (m)	**mercredi** (m)	[mɛrkrədi]
jueves (m)	**jeudi** (m)	[ʒødi]
viernes (m)	**vendredi** (m)	[vɑ̃drədi]
sábado (m)	**samedi** (m)	[samdi]
domingo (m)	**dimanche** (m)	[dimɑ̃ʃ]
hoy (adv)	**aujourd'hui** (adv)	[oʒurdɥi]
mañana (adv)	**demain** (adv)	[dəmɛ̃]
pasado mañana	**après-demain** (adv)	[aprɛdmɛ̃]
ayer (adv)	**hier** (adv)	[ijɛr]
anteayer (adv)	**avant-hier** (adv)	[avɑ̃tjɛr]
día (m)	**jour** (m)	[ʒur]
día (m) de trabajo	**jour** (m) **ouvrable**	[ʒur uvrabl]
día (m) de fiesta	**jour** (m) **férié**	[ʒur ferje]
día (m) de descanso	**jour** (m) **de repos**	[ʒur də rəpo]
fin (m) de semana	**week-end** (m)	[wikɛnd]
todo el día	**toute la journée**	[tut la ʒurne]
al día siguiente	**le lendemain**	[lɑ̃dmɛ̃]
dos días atrás	**il y a 2 jours**	[ilja də ʒur]
en vísperas (adv)	**la veille**	[la vɛj]
diario (adj)	**quotidien** (adj)	[kɔtidjɛ̃]
cada día (adv)	**tous les jours**	[tu le ʒur]
semana (f)	**semaine** (f)	[səmɛn]
semana (f) pasada	**la semaine dernière**	[la səmɛn dɛrnjɛr]
semana (f) que viene	**la semaine prochaine**	[la səmɛn prɔʃɛn]
semanal (adj)	**hebdomadaire** (adj)	[ɛbdɔmadɛr]
cada semana (adv)	**chaque semaine**	[ʃak səmɛn]
2 veces por semana	**2 fois par semaine**	[dø fwa par səmɛn]
todos los martes	**tous les mardis**	[tu le mardi]

18. Las horas. El día y la noche

mañana (f)	**matin** (m)	[matɛ̃]
por la mañana	**le matin**	[lə matɛ̃]
mediodía (m)	**midi** (m)	[midi]
por la tarde	**dans l'après-midi**	[dɑ̃ laprɛmidi]
noche (f)	**soir** (m)	[swar]

por la noche	**le soir**	[lə swar]
noche (f) (p.ej. 2:00 a.m.)	**nuit** (f)	[nɥi]
por la noche	**la nuit**	[la nɥi]
medianoche (f)	**minuit** (f)	[minɥi]
segundo (m)	**seconde** (f)	[səgɔ̃d]
minuto (m)	**minute** (f)	[minyt]
hora (f)	**heure** (f)	[œr]
media hora (f)	**demi-heure** (f)	[dəmijœr]
cuarto (m) de hora	**un quart d'heure**	[œ̃ kar dœr]
quince minutos	**quinze minutes**	[kɛ̃z minyt]
veinticuatro horas	**vingt-quatre heures**	[vɛ̃tkatr œr]
salida (f) del sol	**lever** (m) **du soleil**	[ləve dy sɔlɛj]
amanecer (m)	**aube** (f)	[ob]
madrugada (f)	**point** (m) **du jour**	[pwɛ̃ dy ʒur]
puesta (f) del sol	**coucher** (m) **du soleil**	[kuʃe dy sɔlɛj]
de madrugada	**tôt le matin**	[to lə matɛ̃]
esta mañana	**ce matin**	[sə matɛ̃]
mañana por la mañana	**demain matin**	[dəmɛ̃ matɛ̃]
esta tarde	**cet après-midi**	[sɛt aprɛmidi]
por la tarde	**dans l'après-midi**	[dɑ̃ laprɛmidi]
mañana por la tarde	**demain après-midi**	[dəmɛn aprɛmidi]
esta noche (p.ej. 8:00 p.m.)	**ce soir**	[sə swar]
mañana por la noche	**demain soir**	[dəmɛ̃ swar]
a las tres en punto	**à trois heures précises**	[ɑ trwa zœr presiz]
a eso de las cuatro	**autour de quatre heures**	[otur də katr œr]
para las doce	**vers midi**	[vɛr midi]
dentro de veinte minutos	**dans 20 minutes**	[dɑ̃ vɛ̃ minyt]
dentro de una hora	**dans une heure**	[dɑ̃zyn œr]
a tiempo (adv)	**à temps**	[ɑ tɑ̃]
... menos cuarto	**... moins le quart**	[mwɛ̃ lə kar]
durante una hora	**en une heure**	[ɑnyn œr]
cada quince minutos	**tous les quarts d'heure**	[tu le kar dœr]
día y noche	**24 heures sur 24**	[vɛ̃tkatr œr syr vɛ̃tkatr]

19. Los meses. Las estaciones

enero (m)	**janvier** (m)	[ʒɑ̃vje]
febrero (m)	**février** (m)	[fevrije]
marzo (m)	**mars** (m)	[mars]
abril (m)	**avril** (m)	[avril]
mayo (m)	**mai** (m)	[mɛ]

junio (m) **juin** (m) [ʒɥɛ̃]
julio (m) **juillet** (m) [ʒɥijɛ]
agosto (m) **août** (m) [ut]
septiembre (m) **septembre** (m) [separemɑ̃]
octubre (m) **octobre** (m) [ɔktɔbr]
noviembre (m) **novembre** (m) [nɔvɑ̃br]
diciembre (m) **décembre** (m) [desɑ̃br]

primavera (f) **printemps** (m) [prɛ̃tɑ̃]
en primavera **au printemps** [oprɛ̃tɑ̃]
de primavera (adj) **de printemps** (adj) [də prɛ̃tɑ̃]

verano (m) **été** (m) [ete]
en verano **en été** [ɑn ete]
de verano (adj) **d'été** (adj) [dete]

otoño (m) **automne** (m) [otɔn]
en otoño **en automne** [ɑn otɔn]
de otoño (adj) **d'automne** (adj) [dotɔn]

invierno (m) **hiver** (m) [ivɛr]
en invierno **en hiver** [ɑn ivɛr]
de invierno (adj) **d'hiver** (adj) [divɛr]

mes (m) **mois** (m) [mwa]
este mes **ce mois** [sə mwa]
al mes siguiente **le mois prochain** [lə mwa prɔʃɛ̃]
el mes pasado **le mois dernier** [lə mwa dɛrnje]

hace un mes **il y a un mois** [ilja œ̃ mwa]
dentro de un mes **dans un mois** [dɑ̃zœn mwa]
dentro de dos meses **dans 2 mois** [dɑ̃ dø mwa]
todo el mes **tout le mois** [tu lə mwa]
todo un mes **tout un mois** [tutœ̃ mwa]

mensual (adj) **mensuel** (adj) [mɑ̃sɥɛl]
mensualmente (adv) **mensuellement** [mɑ̃sɥɛlmɑ̃]
cada mes **chaque mois** [ʃak mwa]
dos veces por mes **2 fois par mois** [dø fwa par mwa]

año (m) **année** (f) [ane]
este año **cette année** [sɛt ane]
el próximo año **l'année prochaine** [lane prɔʃɛn]
el año pasado **l'année dernière** [lane dɛrnjɛr]

hace un año **il y a un an** [ilja œnɑ̃]
dentro de un año **dans un an** [dɑ̃zœn ɑ̃]
dentro de dos años **dans deux ans** [dɑ̃ dø zɑ̃]
todo el año **toute l'année** [tut lane]
todo un año **toute une année** [tutyn ane]
cada año **chaque année** [ʃak ane]
anual (adj) **annuel** (adj) [anɥɛl]

anualmente (adv)	**annuellement**	[anɥɛlmɑ̃]
cuatro veces por año	**quatre fois par an**	[katr fwa parɑ̃]
fecha (f) (la ~ de hoy es ...)	**date** (f)	[dat]
fecha (f) (~ de entrega)	**date** (f)	[dat]
calendario (m)	**calendrier** (m)	[kalɑ̃drije]
medio año (m)	**six mois**	[si mwa]
seis meses	**semestre** (m)	[səmɛstr]
estación (f)	**saison** (f)	[sɛzɔ̃]
siglo (m)	**siècle** (m)	[sjɛkl]

EL VIAJE. EL HOTEL

T&P Books Publishing

20. El viaje. Viajar

turismo (m)	**tourisme** (m)	[turism]
turista (m)	**touriste** (m)	[turist]
viaje (m)	**voyage** (m)	[vwajaʒ]
aventura (f)	**aventure** (f)	[avɑ̃tyr]
viaje (m)	**voyage** (m)	[vwajaʒ]
vacaciones (f pl)	**vacances** (f pl)	[vakɑ̃s]
estar de vacaciones	**être en vacances**	[ɛtr ɑ̃ vakɑ̃s]
descanso (m)	**repos** (m)	[rəpo]
tren (m)	**train** (m)	[trɛ̃]
en tren	**en train**	[ɑ̃ trɛ̃]
avión (m)	**avion** (m)	[avjɔ̃]
en avión	**en avion**	[ɑn avjɔ̃]
en coche	**en voiture**	[ɑ̃ vwatyr]
en barco	**en bateau**	[ɑ̃ bato]
equipaje (m)	**bagage** (m)	[bagaʒ]
maleta (f)	**malle** (f)	[mal]
carrito (m) de equipaje	**chariot** (m)	[ʃarjo]
pasaporte (m)	**passeport** (m)	[pɑspɔr]
visado (m)	**visa** (m)	[viza]
billete (m)	**ticket** (m)	[tikɛ]
billete (m) de avión	**billet** (m) **d'avion**	[bijɛ davjɔ̃]
guía (f) (libro)	**guide** (m)	[gid]
mapa (m)	**carte** (f)	[kart]
área (m) (~ rural)	**région** (f)	[reʒjɔ̃]
lugar (m)	**endroit** (m)	[ɑ̃drwa]
exotismo (m)	**exotisme** (m)	[ɛgzɔtism]
exótico (adj)	**exotique** (adj)	[ɛgzɔtik]
asombroso (adj)	**étonnant** (adj)	[etɔnɑ̃]
grupo (m)	**groupe** (m)	[grup]
excursión (f)	**excursion** (f)	[ɛkskyrsjɔ̃]
guía (m) (persona)	**guide** (m)	[gid]

21. El hotel

hotel (m)	**hôtel** (m)	[otɛl]
motel (m)	**motel** (m)	[mɔtɛl]

de tres estrellas	**3 étoiles**	[trwa zetwal]
de cinco estrellas	**5 étoiles**	[sɛ̃k etwal]
hospedarse (vr)	**descendre** (vi)	[desɑ̃dr]
habitación (f)	**chambre** (f)	[ʃɑ̃br]
habitación (f) individual	**chambre** (f) **simple**	[ʃɑ̃br sɛ̃pl]
habitación (f) doble	**chambre** (f) **double**	[ʃɑ̃br dubl]
reservar una habitación	**réserver une chambre**	[rezɛrve yn ʃɑ̃br]
media pensión (f)	**demi-pension** (f)	[dəmipɑ̃sjɔ̃]
pensión (f) completa	**pension** (f) **complète**	[pɑ̃sjɔ̃ kɔ̃plɛt]
con baño	**avec une salle de bain**	[avɛk yn saldəbɛ̃]
con ducha	**avec une douche**	[avɛk yn duʃ]
televisión (f) satélite	**télévision** (f) **par satellite**	[televizjɔ̃ par satelit]
climatizador (m)	**climatiseur** (m)	[klimatizœr]
toalla (f)	**serviette** (f)	[sɛrvjɛt]
llave (f)	**clé, clef** (f)	[kle]
administrador (m)	**administrateur** (m)	[administratœr]
camarera (f)	**femme** (f) **de chambre**	[fam də ʃɑ̃br]
maletero (m)	**porteur** (m)	[pɔrtœr]
portero (m)	**portier** (m)	[pɔrtje]
restaurante (m)	**restaurant** (m)	[rɛstɔrɑ̃]
bar (m)	**bar** (m)	[bar]
desayuno (m)	**petit déjeuner** (m)	[pəti deʒœne]
cena (f)	**dîner** (m)	[dine]
buffet (m) libre	**buffet** (m)	[byfɛ]
vestíbulo (m)	**hall** (m)	[ol]
ascensor (m)	**ascenseur** (m)	[asɑ̃sœr]
NO MOLESTAR	**PRIÈRE DE NE PAS DÉRANGER**	[prijɛr dənepɑ derɑ̃ʒe]
PROHIBIDO FUMAR	**DÉFENSE DE FUMER**	[defɑ̃s də fyme]

22. La exploración del paisaje

monumento (m)	**monument** (m)	[mɔnymɑ̃]
fortaleza (f)	**forteresse** (f)	[fɔrtərɛs]
palacio (m)	**palais** (m)	[palɛ]
castillo (m)	**château** (m)	[ʃato]
torre (f)	**tour** (f)	[tur]
mausoleo (m)	**mausolée** (m)	[mozɔle]
arquitectura (f)	**architecture** (f)	[arʃitɛktyr]
medieval (adj)	**médiéval** (adj)	[medjeval]
antiguo (adj)	**ancien** (adj)	[ɑ̃sjɛ̃]
nacional (adj)	**national** (adj)	[nasjɔnal]

conocido (adj)	**connu** (adj)	[kɔny]
turista (m)	**touriste** (m)	[turist]
guía (m) (persona)	**guide** (m)	[gid]
excursión (f)	**excursion** (f)	[ɛkskyrsjɔ̃]
mostrar (vt)	**montrer** (vt)	[mɔ̃tre]
contar (una historia)	**raconter** (vt)	[rakɔ̃te]
encontrar (hallar)	**trouver** (vt)	[truve]
perderse (vr)	**se perdre** (vp)	[sə pɛrdr]
plano (m) (~ de metro)	**plan** (m)	[plɑ̃]
mapa (m) (~ de la ciudad)	**carte** (f)	[kart]
recuerdo (m)	**souvenir** (m)	[suvnir]
tienda (f) de regalos	**boutique** (f) **de souvenirs**	[butik də suvnir]
hacer fotos	**prendre en photo**	[prɑ̃dr ɑ̃ fɔto]
fotografiarse (vr)	**se faire prendre en photo**	[sə fɛr prɑ̃dr ɑ̃ fɔto]

EL TRANSPORTE

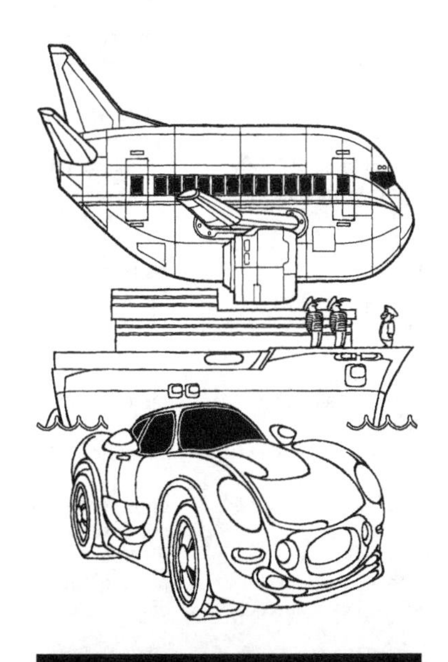

T&P Books Publishing

23. El aeropuerto

aeropuerto (m)	**aéroport** (m)	[aeropɔr]
avión (m)	**avion** (m)	[avjɔ̃]
compañía (f) aérea	**compagnie** (f) **aérienne**	[kɔ̃paɲi aerjɛn]
controlador (m) aéreo	**contrôleur** (m) **aérien**	[kɔ̃trolœr aerjɛ̃]
despegue (m)	**départ** (m)	[depar]
llegada (f)	**arrivée** (f)	[arive]
llegar (en avión)	**arriver** (vi)	[arive]
hora (f) de salida	**temps** (m) **de départ**	[tɑ̃ də depar]
hora (f) de llegada	**temps** (m) **d'arrivée**	[tɑ̃ darive]
retrasarse (vr)	**être retardé**	[ɛtr rətarde]
retraso (m) de vuelo	**retard** (m) **de l'avion**	[rətar də lavjɔ̃]
pantalla (f) de información	**tableau** (m) **d'informations**	[tablo dɛ̃fɔrmasjɔ̃]
información (f)	**information** (f)	[ɛ̃fɔrmasjɔ̃]
anunciar (vt)	**annoncer** (vt)	[anɔ̃se]
vuelo (m)	**vol** (m)	[vɔl]
aduana (f)	**douane** (f)	[dwan]
aduanero (m)	**douanier** (m)	[dwanje]
declaración (f) de aduana	**déclaration** (f) **de douane**	[deklarasjɔ̃ də dwan]
rellenar (vt)	**remplir** (vt)	[rɑ̃plir]
rellenar la declaración	**remplir la déclaration**	[rɑ̃plir la deklarasjɔ̃]
control (m) de pasaportes	**contrôle** (m) **de passeport**	[kɔ̃trol də pɑspɔr]
equipaje (m)	**bagage** (m)	[bagaʒ]
equipaje (m) de mano	**bagage** (m) **à main**	[bagaʒ ɑ mɛ̃]
carrito (m) de equipaje	**chariot** (m)	[ʃarjo]
aterrizaje (m)	**atterrissage** (m)	[aterisaʒ]
pista (f) de aterrizaje	**piste** (f) **d'atterrissage**	[pist daterisaʒ]
aterrizar (vi)	**atterrir** (vi)	[aterir]
escaleras (f pl) (de avión)	**escalier** (m) **d'avion**	[ɛskalje davjɔ̃]
facturación (f) (check-in)	**enregistrement** (m)	[ɑ̃rəʒistrəmɑ̃]
mostrador (m) de facturación	**comptoir** (m) **d'enregistrement**	[kɔ̃twar dɑ̃rəʒistrəmɑ̃]
hacer el check-in	**s'enregistrer** (vp)	[sɑ̃rəʒistre]
tarjeta (f) de embarque	**carte** (f) **d'embarquement**	[kart dɑ̃barkəmɑ̃]

puerta (f) de embarque	**porte** (f) **d'embarquement**	[pɔrt dɑ̃barkəmɑ̃]
tránsito (m)	**transit** (m)	[trɑ̃zit]
esperar (aguardar)	**attendre** (vt)	[atɑ̃dr]
zona (f) de preembarque	**salle** (f) **d'attente**	[sal datɑ̃t]
despedir (vt)	**raccompagner** (vt)	[rakɔ̃paɲe]
despedirse (vr)	**dire au revoir**	[dir ərəvwar]

24. El avión

avión (m)	**avion** (m)	[avjɔ̃]
billete (m) de avión	**billet** (m) **d'avion**	[bijɛ davjɔ̃]
compañía (f) aérea	**compagnie** (f) **aérienne**	[kɔ̃paɲi aerjɛn]
aeropuerto (m)	**aéroport** (m)	[aeropɔr]
supersónico (adj)	**supersonique** (adj)	[sypɛrsɔnik]
comandante (m)	**commandant** (m) **de bord**	[kɔmɑ̃dɑ̃ də bɔr]
tripulación (f)	**équipage** (m)	[ekipaʒ]
piloto (m)	**pilote** (m)	[pilɔt]
azafata (f)	**hôtesse** (f) **de l'air**	[otɛs də lɛr]
navegador (m)	**navigateur** (m)	[navigatœr]
alas (f pl)	**ailes** (f pl)	[ɛl]
cola (f)	**queue** (f)	[kø]
cabina (f)	**cabine** (f)	[kabin]
motor (m)	**moteur** (m)	[mɔtœr]
tren (m) de aterrizaje	**train** (m) **d'atterrissage**	[trɛ̃ daterisaʒ]
turbina (f)	**turbine** (f)	[tyrbin]
hélice (f)	**hélice** (f)	[elis]
caja (f) negra	**boîte** (f) **noire**	[bwat nwar]
timón (m)	**gouvernail** (m)	[guvɛrnaj]
combustible (m)	**carburant** (m)	[karbyrɑ̃]
instructivo (m) de seguridad	**consigne** (f) **de sécurité**	[kɔ̃siɲ də sekyrite]
respirador (m) de oxígeno	**masque** (m) **à oxygène**	[mask ɑ ɔksiʒɛn]
uniforme (m)	**uniforme** (m)	[ynifɔrm]
chaleco (m) salvavidas	**gilet** (m) **de sauvetage**	[ʒilɛ də sovtaʒ]
paracaídas (m)	**parachute** (m)	[paraʃyt]
despegue (m)	**décollage** (m)	[dekɔlaʒ]
despegar (vi)	**décoller** (vi)	[dekɔle]
pista (f) de despegue	**piste** (f) **de décollage**	[pist dekɔlaʒ]
visibilidad (f)	**visibilité** (f)	[vizibilite]
vuelo (m)	**vol** (m)	[vɔl]
altura (f)	**altitude** (f)	[altityd]
pozo (m) de aire	**trou** (m) **d'air**	[tru dɛr]
asiento (m)	**place** (f)	[plas]
auriculares (m pl)	**écouteurs** (m pl)	[ekutœr]

mesita (f) plegable	**tablette** (f)	[tablɛt]
ventana (f)	**hublot** (m)	[yblo]
pasillo (m)	**couloir** (m)	[kulwar]

25. El tren

tren (m)	**train** (m)	[trɛ̃]
tren (m) eléctrico	**train** (m) **de banlieue**	[trɛ̃ də bɑ̃ljø]
tren (m) rápido	**TGV** (m)	[teʒeve]
locomotora (f) diésel	**locomotive** (f) **diesel**	[lɔkɔmɔtiv djezɛl]
tren (m) de vapor	**locomotive** (f) **à vapeur**	[lɔkɔmɔtiv ɑ vapœr]
coche (m)	**wagon** (m)	[vagɔ̃]
coche (m) restaurante	**wagon-restaurant** (m)	[vagɔ̃rɛstɔrɑ̃]
rieles (m pl)	**rails** (m pl)	[raj]
ferrocarril (m)	**chemin** (m) **de fer**	[ʃəmɛ̃ də fɛr]
traviesa (f)	**traverse** (f)	[travɛrs]
plataforma (f)	**quai** (m)	[kɛ]
vía (f)	**voie** (f)	[vwa]
semáforo (m)	**sémaphore** (m)	[semafɔr]
estación (f)	**station** (f)	[stasjɔ̃]
maquinista (m)	**conducteur** (m) **de train**	[kɔ̃dyktœr də trɛ̃]
maletero (m)	**porteur** (m)	[pɔrtœr]
mozo (m) del vagón	**steward** (m)	[stiwart]
pasajero (m)	**passager** (m)	[pɑsaʒe]
revisor (m)	**contrôleur** (m)	[kɔ̃trolœr]
corredor (m)	**couloir** (m)	[kulwar]
freno (m) de urgencia	**frein** (m) **d'urgence**	[frɛ̃ dyrʒɑ̃s]
compartimiento (m)	**compartiment** (m)	[kɔ̃partimɑ̃]
litera (f)	**couchette** (f)	[kuʃɛt]
litera (f) de arriba	**couchette** (f) **d'en haut**	[kuʃɛt dɛ̃ o]
litera (f) de abajo	**couchette** (f) **d'en bas**	[kuʃɛt dɛ̃ba]
ropa (f) de cama	**linge** (m) **de lit**	[lɛ̃ʒ də li]
billete (m)	**ticket** (m)	[tikɛ]
horario (m)	**horaire** (m)	[ɔrɛr]
pantalla (f) de información	**tableau** (m) **d'informations**	[tablo dɛ̃fɔrmasjɔ̃]
partir (vi)	**partir** (vi)	[partir]
partida (f) (del tren)	**départ** (m)	[depar]
llegar (tren)	**arriver** (vi)	[arive]
llegada (f)	**arrivée** (f)	[arive]
llegar en tren	**arriver en train**	[arive ɑ̃ trɛ̃]
tomar el tren	**prendre le train**	[prɑ̃dr lə trɛ̃]

bajar del tren	**descendre du train**	[desɑ̃dr dy trɛ̃]
descarrilamiento (m)	**accident** (m) **ferroviaire**	[aksidɑ̃ ferɔvjɛr]
descarrilarse (vr)	**dérailler** (vi)	[deraje]
tren (m) de vapor	**locomotive** (f) **à vapeur**	[lɔkɔmɔtiv ɑ vapœr]
fogonero (m)	**chauffeur** (m)	[ʃofœr]
hogar (m)	**chauffe** (f)	[ʃof]
carbón (m)	**charbon** (m)	[ʃarbɔ̃]

26. El barco

buque (m)	**bateau** (m)	[bato]
navío (m)	**navire** (m)	[navir]
buque (m) de vapor	**bateau** (m) **à vapeur**	[bato ɑ vapœr]
motonave (m)	**paquebot** (m)	[pakbo]
trasatlántico (m)	**bateau** (m) **de croisière**	[bato də krwazjɛr]
crucero (m)	**croiseur** (m)	[krwazœr]
yate (m)	**yacht** (m)	[jot]
remolcador (m)	**remorqueur** (m)	[rəmɔrkœr]
barcaza (f)	**péniche** (f)	[peniʃ]
ferry (m)	**ferry** (m)	[feri]
velero (m)	**voilier** (m)	[vwalje]
bergantín (m)	**brigantin** (m)	[brigɑ̃tɛ̃]
rompehielos (m)	**brise-glace** (m)	[brizglas]
submarino (m)	**sous-marin** (m)	[sumarɛ̃]
bote (m) de remo	**canot** (m) **à rames**	[kano ɑ ram]
bote (m)	**dinghy** (m)	[diŋgi]
bote (m) salvavidas	**canot** (m) **de sauvetage**	[kano də sovtaʒ]
lancha (f) motora	**canot** (m) **à moteur**	[kano ɑ mɔtœr]
capitán (m)	**capitaine** (m)	[kapitɛn]
marinero (m)	**matelot** (m)	[matlo]
marino (m)	**marin** (m)	[marɛ̃]
tripulación (f)	**équipage** (m)	[ekipaʒ]
contramaestre (m)	**maître** (m) **d'équipage**	[mɛtr dekipaʒ]
grumete (m)	**mousse** (m)	[mus]
cocinero (m) de abordo	**cuisinier** (m) **du bord**	[kɥizinje dy bɔr]
médico (m) del buque	**médecin** (m) **de bord**	[medsɛ̃ də bɔr]
cubierta (f)	**pont** (m)	[pɔ̃]
mástil (m)	**mât** (m)	[mɑ]
vela (f)	**voile** (f)	[vwal]
bodega (f)	**cale** (f)	[kal]
proa (f)	**proue** (f)	[pru]

popa (f)	**poupe** (f)	[pup]
remo (m)	**rame** (f)	[ram]
hélice (f)	**hélice** (f)	[elis]
camarote (m)	**cabine** (f)	[kabin]
sala (f) de oficiales	**carré** (m) **des officiers**	[kare dezɔfisje]
sala (f) de máquinas	**salle** (f) **des machines**	[sal de maʃin]
puente (m) de mando	**passerelle** (f)	[pɑsrɛl]
sala (f) de radio	**cabine** (f) **de T.S.F.**	[kabin də teɛsɛf]
onda (f)	**onde** (f)	[ɔ̃d]
cuaderno (m) de bitácora	**journal** (m) **de bord**	[ʒurnal də bɔr]
anteojo (m)	**longue-vue** (f)	[lɔ̃gvy]
campana (f)	**cloche** (f)	[klɔʃ]
bandera (f)	**pavillon** (m)	[pavijɔ̃]
cabo (m) (maroma)	**grosse corde** (f) **tressée**	[gros kɔrd trese]
nudo (m)	**nœud** (m) **marin**	[nø marɛ̃]
pasamano (m)	**rampe** (f)	[rɑ̃p]
pasarela (f)	**passerelle** (f)	[pɑsrɛl]
ancla (f)	**ancre** (f)	[ɑ̃kr]
levar ancla	**lever l'ancre**	[ləve lɑ̃kr]
echar ancla	**jeter l'ancre**	[ʒəte lɑ̃kr]
cadena (f) del ancla	**chaîne** (f) **d'ancrage**	[ʃɛn dɑ̃kraʒ]
puerto (m)	**port** (m)	[pɔr]
embarcadero (m)	**embarcadère** (m)	[ɑ̃barkadɛr]
amarrar (vt)	**accoster** (vi)	[akɔste]
desamarrar (vt)	**larguer les amarres**	[large lezamar]
viaje (m)	**voyage** (m)	[vwajaʒ]
crucero (m) (viaje)	**croisière** (f)	[krwazjɛr]
derrota (f) (rumbo)	**cap** (m)	[kap]
itinerario (m)	**itinéraire** (m)	[itinerɛr]
canal (m) navegable	**chenal** (m)	[ʃənal]
bajío (m)	**bas-fond** (m)	[bafɔ̃]
encallar (vi)	**échouer sur un bas-fond**	[eʃwe syr œ̃ bafɔ̃]
tempestad (f)	**tempête** (f)	[tɑ̃pɛt]
señal (f)	**signal** (m)	[siɲal]
hundirse (vr)	**sombrer** (vi)	[sɔ̃bre]
¡Hombre al agua!	**Un homme à la mer!**	[ynɔm alamɛr]
SOS	**SOS** (m)	[ɛsoɛs]
aro (m) salvavidas	**bouée** (f) **de sauvetage**	[bwe də sovtaʒ]

LA CIUDAD

T&P Books Publishing

27. El transporte urbano

autobús (m)	**autobus** (m)	[otobys]
tranvía (m)	**tramway** (m)	[tramwɛ]
trolebús (m)	**trolleybus** (m)	[trɔlɛbys]
itinerario (m)	**itinéraire** (m)	[itinerɛr]
número (m)	**numéro** (m)	[nymero]
ir en ...	**prendre ...**	[prɑ̃dr]
tomar (~ el autobús)	**monter** (vi)	[mɔ̃te]
bajar (~ del tren)	**descendre de ...**	[desɑ̃dr də]
parada (f)	**arrêt** (m)	[arɛ]
próxima parada (f)	**arrêt** (m) **prochain**	[arɛt prɔʃɛ̃]
parada (f) final	**terminus** (m)	[tɛrminys]
horario (m)	**horaire** (m)	[ɔrɛr]
esperar (aguardar)	**attendre** (vt)	[atɑ̃dr]
billete (m)	**ticket** (m)	[tikɛ]
precio (m) del billete	**prix** (m) **du ticket**	[pri dy tikɛ]
cajero (m)	**caissier** (m)	[kesje]
control (m) de billetes	**contrôle** (m) **des tickets**	[kɔ̃trol de tikɛ]
cobrador (m)	**contrôleur** (m)	[kɔ̃trolœr]
llegar tarde (vi)	**être en retard**	[ɛtr ɑ̃ rətar]
perder (~ el tren)	**rater** (vt)	[rate]
tener prisa	**se dépêcher**	[sə depeʃe]
taxi (m)	**taxi** (m)	[taksi]
taxista (m)	**chauffeur** (m) **de taxi**	[ʃofœr də taksi]
en taxi	**en taxi**	[ɑ̃ taksi]
parada (f) de taxi	**arrêt** (m) **de taxi**	[arɛ də taksi]
llamar un taxi	**appeler un taxi**	[aple œ̃ taksi]
tomar un taxi	**prendre un taxi**	[prɑ̃dr œ̃ taksi]
tráfico (m)	**trafic** (m)	[trafik]
atasco (m)	**embouteillage** (m)	[ɑ̃butɛjaʒ]
horas (f pl) de punta	**heures** (f pl) **de pointe**	[œr də pwɛ̃t]
aparcar (vi)	**se garer** (vp)	[sə gare]
aparcar (vt)	**garer** (vt)	[gare]
aparcamiento (m)	**parking** (m)	[parkiŋ]
metro (m)	**métro** (m)	[metro]
estación (f)	**station** (f)	[stasjɔ̃]
ir en el metro	**prendre le métro**	[prɑ̃dr lə metro]

tren (m)	**train** (m)	[trɛ̃]
estación (f)	**gare** (f)	[gar]

28. La ciudad. La vida en la ciudad

ciudad (f)	**ville** (f)	[vil]
capital (f)	**capitale** (f)	[kapital]
aldea (f)	**village** (m)	[vilaʒ]
plano (m) de la ciudad	**plan** (m) **de la ville**	[plɑ̃ də la vil]
centro (m) de la ciudad	**centre-ville** (m)	[sɑ̃trəvil]
suburbio (m)	**banlieue** (f)	[bɑ̃ljø]
suburbano (adj)	**de banlieue** (adj)	[də bɑ̃ljø]
arrabal (m)	**périphérie** (f)	[periferi]
afueras (f pl)	**alentours** (m pl)	[alɑ̃tur]
barrio (m)	**quartier** (m)	[kartje]
zona (f) de viviendas	**quartier** (m) **résidentiel**	[kartje rezidɑ̃sjɛl]
tráfico (m)	**trafic** (m)	[trafik]
semáforo (m)	**feux** (m pl) **de circulation**	[fø də sirkylasjɔ̃]
transporte (m) urbano	**transport** (m) **urbain**	[trɑ̃spɔr yrbɛ̃]
cruce (m)	**carrefour** (m)	[karfur]
paso (m) de peatones	**passage** (m) **piéton**	[pɑsaʒ pjetɔ̃]
paso (m) subterráneo	**passage** (m) **souterrain**	[pɑsaʒ sutɛrɛ̃]
cruzar (vt)	**traverser** (vt)	[travɛrse]
peatón (m)	**piéton** (m)	[pjetɔ̃]
acera (f)	**trottoir** (m)	[trɔtwar]
puente (m)	**pont** (m)	[pɔ̃]
muelle (m)	**quai** (m)	[kɛ]
fuente (f)	**fontaine** (f)	[fɔ̃tɛn]
alameda (f)	**allée** (f)	[ale]
parque (m)	**parc** (m)	[park]
bulevar (m)	**boulevard** (m)	[bulvar]
plaza (f)	**place** (f)	[plas]
avenida (f)	**avenue** (f)	[avny]
calle (f)	**rue** (f)	[ry]
callejón (m)	**ruelle** (f)	[rɥɛl]
callejón (m) sin salida	**impasse** (f)	[ɛ̃pas]
casa (f)	**maison** (f)	[mɛzɔ̃]
edificio (m)	**édifice** (m)	[edifis]
rascacielos (m)	**gratte-ciel** (m)	[gratsjɛl]
fachada (f)	**façade** (f)	[fasad]
techo (m)	**toit** (m)	[twa]
ventana (f)	**fenêtre** (f)	[fənɛtr]

arco (m)	**arc** (m)	[ark]
columna (f)	**colonne** (f)	[kɔlɔn]
esquina (f)	**coin** (m)	[kwɛ̃]
escaparate (f)	**vitrine** (f)	[vitrin]
letrero (m) (~ luminoso)	**enseigne** (f)	[ɑ̃sɛɲ]
cartel (m)	**affiche** (f)	[afiʃ]
cartel (m) publicitario	**affiche** (f) **publicitaire**	[afiʃ pyblisitɛr]
valla (f) publicitaria	**panneau-réclame** (m)	[pano reklam]
basura (f)	**ordures** (f pl)	[ɔrdyr]
cajón (m) de basura	**poubelle** (f)	[pubɛl]
tirar basura	**jeter ... à terre**	[ʒəte ... ɑ tɛr]
basurero (m)	**décharge** (f)	[deʃarʒ]
cabina (f) telefónica	**cabine** (f) **téléphonique**	[kabin telefɔnik]
farola (f)	**réverbère** (m)	[revɛrbɛr]
banco (m) (del parque)	**banc** (m)	[bɑ̃]
policía (m)	**policier** (m)	[pɔlisje]
policía (f) (~ nacional)	**police** (f)	[pɔlis]
mendigo (m)	**clochard** (m)	[klɔʃar]
persona (f) sin hogar	**sans-abri** (m)	[sɑ̃zabri]

29. Las instituciones urbanas

tienda (f)	**magasin** (m)	[magazɛ̃]
farmacia (f)	**pharmacie** (f)	[farmasi]
óptica (f)	**opticien** (m)	[ɔptisjɛ̃]
centro (m) comercial	**centre** (m) **commercial**	[sɑ̃tr kɔmɛrsjal]
supermercado (m)	**supermarché** (m)	[sypɛrmarʃe]
panadería (f)	**boulangerie** (f)	[bulɑ̃ʒri]
panadero (m)	**boulanger** (m)	[bulɑ̃ʒe]
pastelería (f)	**pâtisserie** (f)	[pɑtisri]
tienda (f) de comestibles	**épicerie** (f)	[episri]
carnicería (f)	**boucherie** (f)	[buʃri]
verdulería (f)	**magasin** (m) **de légumes**	[magazɛ̃ də legym]
mercado (m)	**marché** (m)	[marʃe]
cafetería (f)	**salon** (m) **de café**	[salɔ̃ də kafe]
restaurante (m)	**restaurant** (m)	[rɛstɔrɑ̃]
cervecería (f)	**brasserie** (f)	[brasri]
pizzería (f)	**pizzeria** (f)	[pidzerja]
peluquería (f)	**salon** (m) **de coiffure**	[salɔ̃ də kwafyr]
oficina (f) de correos	**poste** (f)	[pɔst]
tintorería (f)	**pressing** (m)	[presiŋ]
estudio (m) fotográfico	**atelier** (m) **de photo**	[atəlje də fɔto]

zapatería (f)	**magasin** (m) **de chaussures**	[magazɛ̃ də ʃosyr]
librería (f)	**librairie** (f)	[librɛri]
tienda (f) deportiva	**magasin** (m) **d'articles de sport**	[magazɛ̃ dartikl də spɔr]
arreglos (m pl) de ropa	**atelier** (m) **de retouche**	[atəlje də rətuʃ]
alquiler (m) de ropa	**location** (f) **de vêtements**	[lɔkasjɔ̃ də vɛtmɑ̃]
videoclub (m)	**location** (f) **de films**	[lɔkasjɔ̃ də film]
circo (m)	**cirque** (m)	[sirk]
zoo (m)	**zoo** (m)	[zoo]
cine (m)	**cinéma** (m)	[sinema]
museo (m)	**musée** (m)	[myze]
biblioteca (f)	**bibliothèque** (f)	[biblijɔtɛk]
teatro (m)	**théâtre** (m)	[teɑtr]
ópera (f)	**opéra** (m)	[ɔpera]
club (m) nocturno	**boîte** (f) **de nuit**	[bwat də nɥi]
casino (m)	**casino** (m)	[kazino]
mezquita (f)	**mosquée** (f)	[mɔske]
sinagoga (f)	**synagogue** (f)	[sinagɔg]
catedral (f)	**cathédrale** (f)	[katedral]
templo (m)	**temple** (m)	[tɑ̃pl]
iglesia (f)	**église** (f)	[egliz]
instituto (m)	**institut** (m)	[ɛ̃stity]
universidad (f)	**université** (f)	[ynivɛrsite]
escuela (f)	**école** (f)	[ekɔl]
prefectura (f)	**préfecture** (f)	[prefɛktyr]
alcaldía (f)	**mairie** (f)	[meri]
hotel (m)	**hôtel** (m)	[otɛl]
banco (m)	**banque** (f)	[bɑ̃k]
embajada (f)	**ambassade** (f)	[ɑ̃basad]
agencia (f) de viajes	**agence** (f) **de voyages**	[aʒɑ̃s də vwajaʒ]
oficina (f) de información	**bureau** (m) **d'information**	[byro dɛ̃fɔrmasjɔ̃]
oficina (f) de cambio	**bureau** (m) **de change**	[byro də ʃɑ̃ʒ]
metro (m)	**métro** (m)	[metro]
hospital (m)	**hôpital** (m)	[ɔpital]
gasolinera (f)	**station-service** (f)	[stasjɔ̃sɛrvis]
aparcamiento (m)	**parking** (m)	[parkiŋ]

30. Los avisos

letrero (m) (~ luminoso)	**enseigne** (f)	[ɑ̃sɛɲ]
cartel (m) (texto escrito)	**pancarte** (f)	[pɑ̃kart]

pancarta (f)	**poster** (m)	[pɔstɛr]
signo (m) de dirección	**indicateur** (m) **de direction**	[ɛ̃dikatœr də dirɛksjɔ̃]
flecha (f) (signo)	**flèche** (f)	[flɛʃ]
advertencia (f)	**avertissement** (m)	[avɛrtismɑ̃]
aviso (m)	**panneau** (m) **d'avertissement**	[pano davɛrtismɑ̃]
advertir (vt)	**avertir** (vt)	[avɛrtir]
día (m) de descanso	**jour** (m) **de repos**	[ʒur də rəpo]
horario (m)	**horaire** (m)	[ɔrɛr]
horario (m) de apertura	**heures** (f pl) **d'ouverture**	[zœr duvɛrtyr]
¡BIENVENIDOS!	**BIENVENUE!**	[bjɛ̃vny]
ENTRADA	**ENTRÉE**	[ɑ̃tre]
SALIDA	**SORTIE**	[sɔrti]
EMPUJAR	**POUSSER**	[puse]
TIRAR	**TIRER**	[tire]
ABIERTO	**OUVERT**	[uvɛr]
CERRADO	**FERMÉ**	[fɛrme]
MUJERES	**FEMMES**	[fam]
HOMBRES	**HOMMES**	[ɔm]
REBAJAS	**RABAIS**	[sɔld]
SALDOS	**SOLDES**	[rabɛ]
NOVEDAD	**NOUVEAU!**	[nuvo]
GRATIS	**GRATUIT**	[gratɥi]
¡ATENCIÓN!	**ATTENTION!**	[atɑ̃sjɔ̃]
COMPLETO	**COMPLET**	[kɔ̃plɛ]
RESERVADO	**RÉSERVÉ**	[rezɛrve]
ADMINISTRACIÓN	**ADMINISTRATION**	[administrasjɔ̃]
SÓLO PERSONAL AUTORIZADO	**RÉSERVÉ AU PERSONNEL**	[rezɛrve o pɛrsɔnɛl]
CUIDADO CON EL PERRO	**ATTENTION CHIEN MÉCHANT**	[atɑ̃sjɔ̃ ʃjɛ̃ meʃɑ̃]
PROHIBIDO FUMAR	**DÉFENSE DE FUMER**	[defɑ̃s də fyme]
NO TOCAR	**PRIERE DE NE PAS TOUCHER**	[prijɛr dənəpɑ tuʃe]
PELIGROSO	**DANGEREUX**	[dɑ̃ʒrø]
PELIGRO	**DANGER**	[dɑ̃ʒe]
ALTA TENSIÓN	**HAUTE TENSION**	[ot tɑ̃sjɔ̃]
PROHIBIDO BAÑARSE	**BAIGNADE INTERDITE**	[bɛɲad ɛ̃tɛrdit]
NO FUNCIONA	**HORS SERVICE**	[ɔr sɛrvis]
INFLAMABLE	**INFLAMMABLE**	[ɛ̃flamabl]

PROHIBIDO	**INTERDIT**	[ɛ̃tɛrdi]
PROHIBIDO EL PASO	**PASSAGE INTERDIT**	[pɑsaʒ ɛ̃tɛrdi]
RECIÉN PINTADO	**PEINTURE FRAÎCHE**	[pɛ̃tyr frɛʃ]

31. Las compras

comprar (vt)	**acheter** (vt)	[aʃte]
compra (f)	**achat** (m)	[aʃa]
hacer compras	**faire des achats**	[fɛr dezaʃa]
compras (f pl)	**shopping** (m)	[ʃɔpiŋ]
estar abierto (tienda)	**être ouvert**	[ɛtr uvɛr]
estar cerrado	**être fermé**	[ɛtr fɛrme]
calzado (m)	**chaussures** (f pl)	[ʃosyr]
ropa (f), vestido (m)	**vêtement** (m)	[vɛtmɑ̃]
cosméticos (m pl)	**produits** (m pl) **de beauté**	[prɔdyi də bote]
productos alimenticios	**produits** (m pl) **alimentaires**	[prɔdyi alimɑ̃tɛr]
regalo (m)	**cadeau** (m)	[kado]
vendedor (m)	**vendeur** (m)	[vɑ̃dœr]
vendedora (f)	**vendeuse** (f)	[vɑ̃døz]
caja (f)	**caisse** (f)	[kɛs]
espejo (m)	**miroir** (m)	[mirwar]
mostrador (m)	**comptoir** (m)	[kɔ̃twar]
probador (m)	**cabine** (f) **d'essayage**	[kabin desɛjaʒ]
probar (un vestido)	**essayer** (vt)	[eseje]
quedar (una ropa, etc.)	**aller bien**	[ale bjɛ̃]
gustar (vi)	**plaire à ...**	[plɛr ɑ]
precio (m)	**prix** (m)	[pri]
etiqueta (f) de precio	**étiquette** (f) **de prix**	[etikɛt də pri]
costar (vt)	**coûter** (vi, vt)	[kute]
¿Cuánto?	**Combien?**	[kɔ̃bjɛ̃]
descuento (m)	**rabais** (m)	[rabɛ]
no costoso (adj)	**pas cher** (adj)	[pɑ ʃɛr]
barato (adj)	**bon marché** (adj)	[bɔ̃ marʃe]
caro (adj)	**cher** (adj)	[ʃɛr]
Es caro	**C'est cher**	[sɛ ʃɛr]
alquiler (m)	**location** (f)	[lɔkasjɔ̃]
alquilar (vt)	**louer** (vt)	[lwe]
crédito (m)	**crédit** (m)	[kredi]
a crédito (adv)	**à crédit** (adv)	[ɑkredi]

LA ROPA Y LOS ACCESORIOS

T&P Books Publishing

32. La ropa exterior. Los abrigos

ropa (f), vestido (m)	**vêtement** (m)	[vɛtmɑ̃]
ropa (f) de calle	**survêtement** (m)	[syrvɛtmɑ̃]
ropa (f) de invierno	**vêtement** (m) **d'hiver**	[vɛtmɑ̃ divɛr]
abrigo (m)	**manteau** (m)	[mɑ̃to]
abrigo (m) de piel	**manteau** (m) **de fourrure**	[mɑ̃to də furyr]
abrigo (m) corto de piel	**veste** (f) **en fourrure**	[vɛst ɑ̃ furyr]
plumón (m)	**manteau** (m) **de duvet**	[manto də dyvɛ]
cazadora (f)	**veste** (f)	[vɛst]
impermeable (m)	**imperméable** (m)	[ɛ̃pɛrmeabl]
impermeable (adj)	**imperméable** (adj)	[ɛ̃pɛrmeabl]

33. Ropa de hombre y mujer

camisa (f)	**chemise** (f)	[ʃəmiz]
pantalones (m pl)	**pantalon** (m)	[pɑ̃talɔ̃]
jeans, vaqueros (m pl)	**jean** (m)	[dʒin]
chaqueta (f), saco (m)	**veston** (m)	[vɛstɔ̃]
traje (m)	**complet** (m)	[kɔ̃plɛ]
vestido (m)	**robe** (f)	[rɔb]
falda (f)	**jupe** (f)	[ʒyp]
blusa (f)	**chemisette** (f)	[ʃəmizɛt]
rebeca (f), chaqueta (f) de punto	**veste** (f) **en laine**	[vɛst ɑ̃ lɛn]
chaqueta (f)	**jaquette** (f), **blazer** (m)	[ʒakɛt], [blazɛr]
camiseta (f) (T-shirt)	**tee-shirt** (m)	[tiʃœrt]
shorts (m pl)	**short** (m)	[ʃɔrt]
traje (m) deportivo	**costume** (m) **de sport**	[kɔstym də spɔr]
bata (f) de baño	**peignoir** (m) **de bain**	[pɛɲwar də bɛ̃]
pijama (f)	**pyjama** (m)	[piʒama]
jersey (m), suéter (m)	**chandail** (m)	[ʃɑ̃daj]
pulóver (m)	**pull-over** (m)	[pylɔvɛr]
chaleco (m)	**gilet** (m)	[ʒilɛ]
frac (m)	**queue-de-pie** (f)	[kødpi]
esmoquin (m)	**smoking** (m)	[smɔkiŋ]
uniforme (m)	**uniforme** (m)	[ynifɔrm]
ropa (f) de trabajo	**tenue** (f) **de travail**	[təny də travaj]

mono (m)	**salopette** (f)	[salɔpɛt]
bata (f) (p. ej. ~ blanca)	**blouse** (f)	[bluz]

34. La ropa. La ropa interior

ropa (f) interior	**sous-vêtements** (m pl)	[suvɛtmɑ̃]
bóxer (m)	**boxer** (m)	[bɔksɛr]
bragas (f pl)	**slip** (m) **de femme**	[slip də fam]
camiseta (f) interior	**maillot** (m) **de corps**	[majo də kɔr]
calcetines (m pl)	**chaussettes** (f pl)	[ʃosɛt]
camisón (m)	**chemise** (f) **de nuit**	[ʃəmiz də nɥi]
sostén (m)	**soutien-gorge** (m)	[sutjɛ̃gɔrʒ]
calcetines (m pl) altos	**chaussettes** (f pl) **hautes**	[ʃosɛt ot]
pantimedias (f pl)	**collants** (m pl)	[kɔlɑ̃]
medias (f pl)	**bas** (m pl)	[ba]
traje (m) de baño	**maillot** (m) **de bain**	[majo də bɛ̃]

35. Gorras

gorro (m)	**chapeau** (m)	[ʃapo]
sombrero (m) de fieltro	**chapeau** (m) **feutre**	[ʃapo føtr]
gorra (f) de béisbol	**casquette** (f) **de base-ball**	[kaskɛt də bɛzbol]
gorra (f) plana	**casquette** (f)	[kaskɛt]
boina (f)	**béret** (m)	[berɛ]
capuchón (m)	**capuche** (f)	[kapyʃ]
panamá (m)	**panama** (m)	[panama]
gorro (m) de punto	**bonnet** (m) **de laine**	[bɔnɛ də lɛn]
pañuelo (m)	**foulard** (m)	[fular]
sombrero (m) de mujer	**chapeau** (m) **de femme**	[ʃapo də fam]
casco (m) (~ protector)	**casque** (m)	[kask]
gorro (m) de campaña	**calot** (m)	[kalo]
casco (m) (~ de moto)	**casque** (m)	[kask]
bombín (m)	**melon** (m)	[məlɔ̃]
sombrero (m) de copa	**haut-de-forme** (m)	[o də fɔrm]

36. El calzado

calzado (m)	**chaussures** (f pl)	[ʃosyr]
botas (f pl)	**bottines** (f pl)	[bɔtin]
zapatos (m pl) (~ de tacón bajo)	**souliers** (m pl)	[sulje]

botas (f pl) altas	**bottes** (f pl)	[bɔt]
zapatillas (f pl)	**chaussons** (m pl)	[ʃosɔ̃]
tenis (m pl)	**tennis** (m pl)	[tenis]
zapatillas (f pl) de lona	**baskets** (f pl)	[baskɛt]
sandalias (f pl)	**sandales** (f pl)	[sɑ̃dal]
zapatero (m)	**cordonnier** (m)	[kɔrdɔnje]
tacón (m)	**talon** (m)	[talɔ̃]
par (m)	**paire** (f)	[pɛr]
cordón (m)	**lacet** (m)	[lase]
encordonar (vt)	**lacer** (vt)	[lase]
calzador (m)	**chausse-pied** (m)	[ʃospje]
betún (m)	**cirage** (m)	[siraʒ]

37. Accesorios personales

guantes (m pl)	**gants** (m pl)	[gɑ̃]
manoplas (f pl)	**moufles** (f pl)	[mufl]
bufanda (f)	**écharpe** (f)	[eʃarp]
gafas (f pl)	**lunettes** (f pl)	[lynɛt]
montura (f)	**monture** (f)	[mɔ̃tyr]
paraguas (m)	**parapluie** (m)	[paraplɥi]
bastón (m)	**canne** (f)	[kan]
cepillo (m) de pelo	**brosse** (f) **à cheveux**	[brɔs ɑ ʃəvø]
abanico (m)	**éventail** (m)	[evɑ̃taj]
corbata (f)	**cravate** (f)	[kravat]
pajarita (f)	**nœud papillon** (m)	[nø papijɔ̃]
tirantes (m pl)	**bretelles** (f pl)	[brətɛl]
moquero (m)	**mouchoir** (m)	[muʃwar]
peine (m)	**peigne** (m)	[pɛɲ]
pasador (m) de pelo	**barrette** (f)	[barɛt]
horquilla (f)	**épingle** (f) **à cheveux**	[epɛ̃gl ɑ ʃəvø]
hebilla (f)	**boucle** (f)	[bukl]
cinturón (m)	**ceinture** (f)	[sɛ̃tyr]
correa (f) (de bolso)	**bandoulière** (f)	[bɑ̃duljɛr]
bolsa (f)	**sac** (m)	[sak]
bolso (m)	**sac** (m) **à main**	[sak ɑ mɛ̃]
mochila (f)	**sac** (m) **à dos**	[sak ɑ do]

38. La ropa. Miscelánea

moda (f)	**mode** (f)	[mɔd]
de moda (adj)	**à la mode** (adj)	[ɑlamɔd]

diseñador (m) de moda	**couturier** (m), **créateur** (m) **de mode**	[kutyrje], [kreatœr də mɔd]
cuello (m)	**col** (m)	[kɔl]
bolsillo (m)	**poche** (f)	[pɔʃ]
de bolsillo (adj)	**de poche** (adj)	[də pɔʃ]
manga (f)	**manche** (f)	[mɑ̃ʃ]
presilla (f)	**bride** (f)	[brid]
bragueta (f)	**braguette** (f)	[bragɛt]
cremallera (f)	**fermeture** (f) **à glissière**	[fɛrmətyr ɑ glisjɛr]
cierre (m)	**agrafe** (f)	[agraf]
botón (m)	**bouton** (m)	[butɔ̃]
ojal (m)	**boutonnière** (f)	[butɔnjɛr]
saltar (un botón)	**sauter** (vi)	[sote]
coser (vi, vt)	**coudre** (vi, vt)	[kudr]
bordar (vt)	**broder** (vt)	[brɔde]
bordado (m)	**broderie** (f)	[brɔdri]
aguja (f)	**aiguille** (f)	[egɥij]
hilo (m)	**fil** (m)	[fil]
costura (f)	**couture** (f)	[kutyr]
ensuciarse (vr)	**se salir** (vp)	[sə salir]
mancha (f)	**tache** (f)	[taʃ]
arrugarse (vr)	**se froisser** (vp)	[sə frwase]
rasgar (vt)	**déchirer** (vt)	[deʃire]
polilla (f)	**mite** (f)	[mit]

39. Productos personales. Cosméticos

pasta (f) de dientes	**dentifrice** (m)	[dɑ̃tifris]
cepillo (m) de dientes	**brosse** (f) **à dents**	[brɔs ɑ dɑ̃]
limpiarse los dientes	**se brosser les dents**	[sə brɔse le dɑ̃]
maquinilla (f) de afeitar	**rasoir** (m)	[razwar]
crema (f) de afeitar	**crème** (f) **à raser**	[krɛm ɑ raze]
afeitarse (vr)	**se raser** (vp)	[sə raze]
jabón (m)	**savon** (m)	[savɔ̃]
champú (m)	**shampooing** (m)	[ʃɑ̃pwɛ̃]
tijeras (f pl)	**ciseaux** (m pl)	[sizo]
lima (f) de uñas	**lime** (f) **à ongles**	[lim ɑ ɔ̃gl]
cortaúñas (m pl)	**pinces** (f pl) **à ongles**	[pɛ̃s ɑ ɔ̃gl]
pinzas (f pl)	**pince** (f)	[pɛ̃s]
cosméticos (m pl)	**cosmétiques** (m pl)	[kɔsmetik]
mascarilla (f)	**masque** (m) **de beauté**	[mask də bote]
manicura (f)	**manucure** (f)	[manykyr]
hacer la manicura	**se faire les ongles**	[sə fɛr le zɔ̃gl]

pedicura (f)	**pédicurie** (f)	[pedikyri]
neceser (m) de maquillaje	**trousse** (f) **de toilette**	[trus də twalɛt]
polvos (m pl)	**poudre** (f)	[pudr]
polvera (f)	**poudrier** (m)	[pudrije]
colorete (m), rubor (m)	**fard** (m) **à joues**	[far ɑ ʒu]
perfume (m)	**parfum** (m)	[parfœ̃]
agua (f) perfumada	**eau** (f) **de toilette**	[o də twalɛt]
loción (f)	**lotion** (f)	[losjɔ̃]
agua (f) de colonia	**eau de Cologne** (f)	[o də kɔlɔɲ]
sombra (f) de ojos	**fard** (m) **à paupières**	[far ɑ popjɛr]
lápiz (m) de ojos	**crayon** (m) **à paupières**	[krɛjɔ̃ ɑ popjɛr]
rímel (m)	**mascara** (m)	[maskara]
pintalabios (m)	**rouge** (m) **à lèvres**	[ruʒ ɑ lɛvr]
esmalte (m) de uñas	**vernis** (m) **à ongles**	[vɛrni ɑ ɔ̃gl]
fijador (m) (para el pelo)	**laque** (f) **pour les cheveux**	[lak pur le ʃəvø]
desodorante (m)	**déodorant** (m)	[deɔdɔrɑ̃]
crema (f)	**crème** (f)	[krɛm]
crema (f) de belleza	**crème** (f) **pour le visage**	[krɛm pur lə vizaʒ]
crema (f) de manos	**crème** (f) **pour les mains**	[krɛm pur le mɛ̃]
crema (f) antiarrugas	**crème** (f) **anti-rides**	[krɛm ɑ̃tirid]
crema (f) de día	**crème** (f) **de jour**	[krɛm də ʒur]
crema (f) de noche	**crème** (f) **de nuit**	[krɛm də nɥi]
de día (adj)	**de jour** (adj)	[də ʒur]
de noche (adj)	**de nuit** (adj)	[də nɥi]
tampón (m)	**tampon** (m)	[tɑ̃pɔ̃]
papel (m) higiénico	**papier** (m) **de toilette**	[papje də twalɛt]
secador (m) de pelo	**sèche-cheveux** (m)	[sɛʃʃəvø]

40. Los relojes

reloj (m)	**montre** (f)	[mɔ̃tr]
esfera (f)	**cadran** (m)	[kadrɑ̃]
aguja (f)	**aiguille** (f)	[egɥij]
pulsera (f)	**bracelet** (m)	[braslɛ]
correa (f) (del reloj)	**bracelet** (m)	[braslɛ]
pila (f)	**pile** (f)	[pil]
descargarse (vr)	**être déchargé**	[ɛtr deʃarʒe]
cambiar la pila	**changer de pile**	[ʃɑ̃ʒe də pil]
adelantarse (vr)	**avancer** (vi)	[avɑ̃se]
retrasarse (vr)	**retarder** (vi)	[rətarde]
reloj (m) de pared	**pendule** (f)	[pɑ̃dyl]
reloj (m) de arena	**sablier** (m)	[sablije]

reloj (m) de sol	**cadran** (m) **solaire**	[kadrɑ̃ sɔlɛr]
despertador (m)	**réveil** (m)	[revɛj]
relojero (m)	**horloger** (m)	[ɔrlɔʒe]
reparar (vt)	**réparer** (vt)	[repare]

LA EXPERIENCIA DIARIA

T&P Books Publishing

41. El dinero

dinero (m)	**argent** (m)	[arʒɑ̃]
cambio (m)	**échange** (m)	[eʃɑ̃ʒ]
curso (m)	**cours** (m) **de change**	[kur də ʃɑ̃ʒ]
cajero (m) automático	**distributeur** (m)	[distribytœr]
moneda (f)	**monnaie** (f)	[mɔnɛ]
dólar (m)	**dollar** (m)	[dɔlar]
euro (m)	**euro** (m)	[øro]
lira (f)	**lire** (f)	[lir]
marco (m) alemán	**mark** (m) **allemand**	[mark almɑ̃]
franco (m)	**franc** (m)	[frɑ̃]
libra esterlina (f)	**livre sterling** (f)	[livr stɛrliŋ]
yen (m)	**yen** (m)	[jɛn]
deuda (f)	**dette** (f)	[dɛt]
deudor (m)	**débiteur** (m)	[debitœr]
prestar (vt)	**prêter** (vt)	[prete]
tomar prestado	**emprunter** (vt)	[ɑ̃prœ̃te]
banco (m)	**banque** (f)	[bɑ̃k]
cuenta (f)	**compte** (m)	[kɔ̃t]
ingresar (~ en la cuenta)	**verser** (vt)	[vɛrse]
ingresar en la cuenta	**verser dans le compte**	[vɛrse dɑ̃ lə kɔ̃t]
sacar de la cuenta	**retirer du compte**	[rətire dy kɔ̃t]
tarjeta (f) de crédito	**carte** (f) **de crédit**	[kart də kredi]
dinero (m) en efectivo	**espèces** (f pl)	[ɛspɛs]
cheque (m)	**chèque** (m)	[ʃɛk]
sacar un cheque	**faire un chèque**	[fɛr œ̃ ʃɛk]
talonario (m)	**chéquier** (m)	[ʃekje]
cartera (f)	**portefeuille** (m)	[pɔrtəfœj]
monedero (m)	**bourse** (f)	[burs]
caja (f) fuerte	**coffre fort** (m)	[kɔfr fɔr]
heredero (m)	**héritier** (m)	[eritje]
herencia (f)	**héritage** (m)	[eritaʒ]
fortuna (f)	**fortune** (f)	[fɔrtyn]
arriendo (m)	**location** (f)	[lɔkasjɔ̃]
alquiler (m) (dinero)	**loyer** (m)	[lwaje]
alquilar (~ una casa)	**louer** (vt)	[lwe]
precio (m)	**prix** (m)	[pri]

coste (m)	**coût** (m)	[ku]
suma (f)	**somme** (f)	[sɔm]
gastar (vt)	**dépenser** (vt)	[depɑ̃se]
gastos (m pl)	**dépenses** (f pl)	[depɑ̃s]
economizar (vi, vt)	**économiser** (vt)	[ekɔnɔmize]
económico (adj)	**économe** (adj)	[ekɔnɔm]
pagar (vi, vt)	**payer** (vi, vt)	[peje]
pago (m)	**paiement** (m)	[pɛmɑ̃]
cambio (m) (devolver el ~)	**monnaie** (f)	[mɔnɛ]
impuesto (m)	**impôt** (m)	[ɛ̃po]
multa (f)	**amende** (f)	[amɑ̃d]
multar (vt)	**mettre une amende**	[mɛtr ynamɑ̃d]

42. La oficina de correos

oficina (f) de correos	**poste** (f)	[pɔst]
correo (m) (cartas, etc.)	**courrier** (m)	[kurje]
cartero (m)	**facteur** (m)	[faktœr]
horario (m) de apertura	**heures** (f pl) **d'ouverture**	[zœr duvɛrtyr]
carta (f)	**lettre** (f)	[lɛtr]
carta (f) certificada	**recommandé** (m)	[rəkɔmɑ̃de]
tarjeta (f) postal	**carte** (f) **postale**	[kart pɔstal]
telegrama (m)	**télégramme** (m)	[telegram]
paquete (m) postal	**colis** (m)	[kɔli]
giro (m) postal	**mandat** (m) **postal**	[mɑ̃da pɔstal]
recibir (vt)	**recevoir** (vt)	[rəsəvwar]
enviar (vt)	**envoyer** (vt)	[ɑ̃vwaje]
envío (m)	**envoi** (m)	[ɑ̃vwa]
dirección (f)	**adresse** (f)	[adrɛs]
código (m) postal	**code** (m) **postal**	[kɔd pɔstal]
expedidor (m)	**expéditeur** (m)	[ɛkspeditœr]
destinatario (m)	**destinataire** (m)	[dɛstinatɛr]
nombre (m)	**prénom** (m)	[prenɔ̃]
apellido (m)	**nom** (m) **de famille**	[nɔ̃ də famij]
tarifa (f)	**tarif** (m)	[tarif]
ordinario (adj)	**normal** (adj)	[nɔrmal]
económico (adj)	**économique** (adj)	[ekɔnɔmik]
peso (m)	**poids** (m)	[pwa]
pesar (~ una carta)	**peser** (vt)	[pəze]
sobre (m)	**enveloppe** (f)	[ɑ̃vlɔp]
sello (m)	**timbre** (m)	[tɛ̃br]
poner un sello	**timbrer** (vt)	[tɛ̃bre]

43. La banca

banco (m)	**banque** (f)	[bɑ̃k]
sucursal (f)	**agence** (f) **bancaire**	[aʒɑ̃s bɑ̃kɛr]
asesor (m) (~ fiscal)	**conseiller** (m)	[kɔ̃seje]
gerente (m)	**gérant** (m)	[ʒerɑ̃]
cuenta (f)	**compte** (m)	[kɔ̃t]
numero (m) de la cuenta	**numéro** (m) **du compte**	[nymero dy kɔ̃t]
cuenta (f) corriente	**compte** (m) **courant**	[kɔ̃t kurɑ̃]
cuenta (f) de ahorros	**compte** (m) **sur livret**	[kɔ̃t syr livrɛ]
abrir una cuenta	**ouvrir un compte**	[uvrir œ̃ kɔ̃t]
cerrar la cuenta	**clôturer le compte**	[klotyre lə kɔ̃t]
ingresar en la cuenta	**verser dans le compte**	[vɛrse dɑ̃ lə kɔ̃t]
sacar de la cuenta	**retirer du compte**	[rətire dy kɔ̃t]
depósito (m)	**dépôt** (m)	[depo]
hacer un depósito	**faire un dépôt**	[fɛr œ̃ depo]
giro (m) bancario	**virement** (m) **bancaire**	[virmɑ̃ bɑ̃kɛr]
hacer un giro	**faire un transfert**	[fɛr œ̃ trɑ̃sfɛr]
suma (f)	**somme** (f)	[sɔm]
¿Cuánto?	**Combien?**	[kɔ̃bjɛ̃]
firma (f) (nombre)	**signature** (f)	[siɲatyr]
firmar (vt)	**signer** (vt)	[siɲe]
tarjeta (f) de crédito	**carte** (f) **de crédit**	[kart də kredi]
código (m)	**code** (m)	[kɔd]
número (m) de tarjeta de crédito	**numéro** (m) **de carte de crédit**	[nymero də kart də kredi]
cajero (m) automático	**distributeur** (m)	[distribytœr]
cheque (m)	**chèque** (m)	[ʃɛk]
sacar un cheque	**faire un chèque**	[fɛr œ̃ ʃɛk]
talonario (m)	**chéquier** (m)	[ʃekje]
crédito (m)	**crédit** (m)	[kredi]
pedir el crédito	**demander un crédit**	[dəmɑ̃de œ̃ kredi]
obtener un crédito	**prendre un crédit**	[prɑ̃dr œ̃ kredi]
conceder un crédito	**accorder un crédit**	[akɔrde œ̃ kredi]
garantía (f)	**gage** (m)	[gaʒ]

44. El teléfono. Las conversaciones telefónicas

teléfono (m)	**téléphone** (m)	[telefɔn]
teléfono (m) móvil	**portable** (m)	[pɔrtabl]

contestador (m)	**répondeur** (m)	[repɔ̃dœr]
llamar, telefonear	**téléphoner, appeler**	[telefɔne], [aple]
llamada (f)	**appel** (m)	[apɛl]
marcar un número	**composer le numéro**	[kɔ̃poze lə nymero]
¿Sí?, ¿Dígame?	**Allô!**	[alo]
preguntar (vt)	**demander** (vt)	[dəmɑ̃de]
responder (vi, vt)	**répondre** (vi, vt)	[repɔ̃dr]
oír (vt)	**entendre** (vt)	[ɑ̃tɑ̃dr]
bien (adv)	**bien** (adv)	[bjɛ̃]
mal (adv)	**mal** (adv)	[mal]
ruidos (m pl)	**bruits** (m pl)	[brɥi]
auricular (m)	**récepteur** (m)	[resɛptœr]
descolgar (el teléfono)	**décrocher** (vt)	[dekrɔʃe]
colgar el auricular	**raccrocher** (vi)	[rakrɔʃe]
ocupado (adj)	**occupé** (adj)	[ɔkype]
sonar (teléfono)	**sonner** (vi)	[sɔ̃]
guía (f) de teléfonos	**carnet** (m) **de téléphone**	[karnɛ də telefɔn]
local (adj)	**local** (adj)	[lɔkal]
llamada (f) local	**appel** (m) **local**	[apɛl lɔkal]
de larga distancia	**interurbain** (adj)	[ɛ̃tɛryrbɛ̃]
llamada (f) de larga distancia	**appel** (m) **interurbain**	[apɛl ɛ̃tɛryrbɛ̃]
internacional (adj)	**international** (adj)	[ɛ̃tɛrnasjɔnal]
llamada (f) internacional	**appel** (m) **international**	[apɛl ɛ̃tɛrnasjɔnal]

45. El teléfono celular

teléfono (m) móvil	**portable** (m)	[pɔrtabl]
pantalla (f)	**écran** (m)	[ekrɑ̃]
botón (m)	**bouton** (m)	[butɔ̃]
tarjeta SIM (f)	**carte SIM** (f)	[kart sɪm]
pila (f)	**pile** (f)	[pil]
descargarse (vr)	**être déchargé**	[ɛtr deʃarʒe]
cargador (m)	**chargeur** (m)	[ʃarʒœr]
menú (m)	**menu** (m)	[məny]
preferencias (f pl)	**réglages** (m pl)	[reglaʒ]
melodía (f)	**mélodie** (f)	[melɔdi]
seleccionar (vt)	**sélectionner** (vt)	[selɛksjɔne]
calculadora (f)	**calculatrice** (f)	[kalkylatris]
contestador (m)	**répondeur** (m)	[repɔ̃dœr]
despertador (m)	**réveil** (m)	[revɛj]
contactos (m pl)	**contacts** (m pl)	[kɔ̃takt]

mensaje (m) de texto	**SMS** (m)	[esemes]
abonado (m)	**abonné** (m)	[abɔne]

46. Los artículos de escritorio

bolígrafo (m)	**stylo** (m) **à bille**	[stilo ɑ bij]
pluma (f) estilográfica	**stylo** (m) **à plume**	[stilo ɑ plym]
lápiz (f)	**crayon** (m)	[krɛjɔ̃]
marcador (m)	**marqueur** (m)	[markœr]
rotulador (m)	**feutre** (m)	[føtr]
bloc (m) de notas	**bloc-notes** (m)	[blɔknɔt]
agenda (f)	**agenda** (m)	[aʒɛ̃da]
regla (f)	**règle** (f)	[rɛgl]
calculadora (f)	**calculatrice** (f)	[kalkylatris]
goma (f) de borrar	**gomme** (f)	[gɔm]
chincheta (f)	**punaise** (f)	[pynɛz]
clip (m)	**trombone** (m)	[trɔ̃bɔn]
pegamento (m)	**colle** (f)	[kɔl]
grapadora (f)	**agrafeuse** (f)	[agraføz]
perforador (m)	**perforateur** (m)	[pɛrfɔratœr]
sacapuntas (m)	**taille-crayon** (m)	[tajkrɛjɔ̃]

47. Los idiomas extranjeros

lengua (f)	**langue** (f)	[lɑ̃g]
lengua (f) extranjera	**langue** (f) **étrangère**	[lɑ̃g etrɑ̃ʒɛr]
estudiar (vt)	**étudier** (vt)	[etydje]
aprender (ingles, etc.)	**apprendre** (vt)	[aprɑ̃dr]
leer (vi, vt)	**lire** (vi, vt)	[lir]
hablar (vi, vt)	**parler** (vi)	[parle]
comprender (vt)	**comprendre** (vt)	[kɔ̃prɑ̃dr]
escribir (vt)	**écrire** (vt)	[ekrir]
rápidamente (adv)	**vite** (adv)	[vit]
lentamente (adv)	**lentement** (adv)	[lɑ̃tmɑ̃]
con fluidez (adv)	**couramment** (adv)	[kuramɑ̃]
reglas (f pl)	**règles** (f pl)	[rɛgl]
gramática (f)	**grammaire** (f)	[gramɛr]
vocabulario (m)	**vocabulaire** (m)	[vɔkabylɛr]
fonética (f)	**phonétique** (f)	[fɔnetik]
manual (m)	**manuel** (m)	[manɥɛl]
diccionario (m)	**dictionnaire** (m)	[diksjɔnɛr]

manual (m) autodidáctico	**manuel** (m) **autodidacte**	[manɥɛl otodidakt]
guía (f) de conversación	**guide** (m) **de conversation**	[gid də kɔ̃vɛrsasjɔ̃]
casete (m)	**cassette** (f)	[kasɛt]
videocasete (f)	**cassette** (f) **vidéo**	[kasɛt video]
CD (m)	**CD** (m)	[sede]
DVD (m)	**DVD** (m)	[devede]
alfabeto (m)	**alphabet** (m)	[alfabɛ]
deletrear (vt)	**épeler** (vt)	[eple]
pronunciación (f)	**prononciation** (f)	[prɔnɔ̃sjasjɔ̃]
acento (m)	**accent** (m)	[aksɑ̃]
con acento	**avec un accent**	[avɛk œn aksɑ̃]
sin acento	**sans accent**	[sɑ̃ zaksɑ̃]
palabra (f)	**mot** (m)	[mo]
significado (m)	**sens** (m)	[sɑ̃s]
cursos (m pl)	**cours** (m pl)	[kur]
inscribirse (vr)	**s'inscrire** (vp)	[sɛ̃skrir]
profesor (m) (~ de inglés)	**professeur** (m)	[prɔfɛsœr]
traducción (f) (proceso)	**traduction** (f)	[tradyksjɔ̃]
traducción (f) (texto)	**traduction** (f)	[tradyksjɔ̃]
traductor (m)	**traducteur** (m)	[tradyktœr]
intérprete (m)	**interprète** (m)	[ɛ̃tɛrprɛt]
políglota (m)	**polyglotte** (m)	[pɔliglɔt]
memoria (f)	**mémoire** (f)	[memwar]

LAS COMIDAS. EL RESTAURANTE

T&P Books Publishing

48. Los cubiertos

cuchara (f)	**cuillère** (f)	[kɥijɛr]
cuchillo (m)	**couteau** (m)	[kuto]
tenedor (m)	**fourchette** (f)	[furʃɛt]
taza (f)	**tasse** (f)	[tɑs]
plato (m)	**assiette** (f)	[asjɛt]
platillo (m)	**soucoupe** (f)	[sukup]
servilleta (f)	**serviette** (f)	[sɛrvjɛt]
mondadientes (m)	**cure-dent** (m)	[kyrdɑ̃]

49. El restaurante

restaurante (m)	**restaurant** (m)	[rɛstɔrɑ̃]
cafetería (f)	**salon** (m) **de café**	[salɔ̃ də kafe]
bar (m)	**bar** (m)	[bar]
salón (m) de té	**salon** (m) **de thé**	[salɔ̃ də te]
camarero (m)	**serveur** (m)	[sɛrvœr]
camarera (f)	**serveuse** (f)	[sɛrvøz]
barman (m)	**barman** (m)	[barman]
carta (f), menú (m)	**carte** (f)	[kart]
carta (f) de vinos	**carte** (f) **des vins**	[kart de vɛ̃]
reservar una mesa	**réserver une table**	[rezɛrve yn tabl]
plato (m)	**plat** (m)	[pla]
pedir (vt)	**commander** (vt)	[kɔmɑ̃de]
hacer el pedido	**faire la commande**	[fɛr la kɔmɑ̃d]
aperitivo (m)	**apéritif** (m)	[aperitif]
entremés (m)	**hors-d'œuvre** (m)	[ɔrdœvr]
postre (m)	**dessert** (m)	[desɛr]
cuenta (f)	**addition** (f)	[adisjɔ̃]
pagar la cuenta	**régler l'addition**	[regle ladisjɔ̃]
dar la vuelta	**rendre la monnaie**	[rɑ̃dr la mɔnɛ]
propina (f)	**pourboire** (m)	[purbwar]

50. Las comidas

comida (f)	**nourriture** (f)	[nurityr]
comer (vi, vt)	**manger** (vi, vt)	[mɑ̃ʒe]

desayuno (m)	**petit déjeuner** (m)	[pəti deʒœne]
desayunar (vi)	**prendre le petit déjeuner**	[prɑ̃dr ləpti deʒœne]
almuerzo (m)	**déjeuner** (m)	[deʒœne]
almorzar (vi)	**déjeuner** (vi)	[deʒœne]
cena (f)	**dîner** (m)	[dine]
cenar (vi)	**dîner** (vi)	[dine]
apetito (m)	**appétit** (m)	[apeti]
¡Que aproveche!	**Bon appétit!**	[bɔn apeti]
abrir (vt)	**ouvrir** (vt)	[uvrir]
derramar (líquido)	**renverser** (vt)	[rɑ̃vɛrse]
derramarse (líquido)	**se renverser** (vp)	[sə rɑ̃vɛrse]
hervir (vi)	**bouillir** (vi)	[bujir]
hervir (vt)	**faire bouillir**	[fɛr bujir]
hervido (agua ~a)	**bouilli** (adj)	[buji]
enfriar (vt)	**refroidir** (vt)	[rəfrwadir]
enfriarse (vr)	**se refroidir** (vp)	[sə rəfrwadir]
sabor (m)	**goût** (m)	[gu]
regusto (m)	**arrière-goût** (m)	[arjɛrgu]
adelgazar (vi)	**suivre un régime**	[sɥivr œ̃ reʒim]
dieta (f)	**régime** (m)	[reʒim]
vitamina (f)	**vitamine** (f)	[vitamin]
caloría (f)	**calorie** (f)	[kalɔri]
vegetariano (m)	**végétarien** (m)	[veʒetarjɛ̃]
vegetariano (adj)	**végétarien** (adj)	[veʒetarjɛ̃]
grasas (f pl)	**lipides** (m pl)	[lipid]
proteínas (f pl)	**protéines** (f pl)	[prɔtein]
carbohidratos (m pl)	**glucides** (m pl)	[glysid]
loncha (f)	**tranche** (f)	[trɑ̃ʃ]
pedazo (m)	**morceau** (m)	[mɔrso]
miga (f)	**miette** (f)	[mjɛt]

51. Los platos al horno

plato (m)	**plat** (m)	[pla]
cocina (f)	**cuisine** (f)	[kɥizin]
receta (f)	**recette** (f)	[rəsɛt]
porción (f)	**portion** (f)	[pɔrsjɔ̃]
ensalada (f)	**salade** (f)	[salad]
sopa (f)	**soupe** (f)	[sup]
caldo (m)	**bouillon** (m)	[bujɔ̃]
bocadillo (m)	**sandwich** (m)	[sɑ̃dwitʃ]
huevos (m pl) fritos	**les œufs brouillés**	[lezø bruje]

hamburguesa (f)	**hamburger** (m)	[ɑ̃bœrgœr]
bistec (m)	**steak** (m)	[stɛk]
guarnición (f)	**garniture** (f)	[garnityr]
espagueti (m)	**spaghettis** (m pl)	[spagɛti]
puré (m) de patatas	**purée** (f)	[pyre]
pizza (f)	**pizza** (f)	[pidza]
gachas (f pl)	**bouillie** (f)	[buji]
tortilla (f) francesa	**omelette** (f)	[ɔmlɛt]
cocido en agua (adj)	**cuit à l'eau** (adj)	[kɥitɑlo]
ahumado (adj)	**fumé** (adj)	[fyme]
frito (adj)	**frit** (adj)	[fri]
seco (adj)	**sec** (adj)	[sɛk]
congelado (adj)	**congelé** (adj)	[kɔ̃ʒle]
marinado (adj)	**mariné** (adj)	[marine]
azucarado (adj)	**sucré** (adj)	[sykre]
salado (adj)	**salé** (adj)	[sale]
frío (adj)	**froid** (adj)	[frwa]
caliente (adj)	**chaud** (adj)	[ʃo]
amargo (adj)	**amer** (adj)	[amɛr]
sabroso (adj)	**bon** (adj)	[bɔ̃]
cocer en agua	**cuire à l'eau**	[kɥir ɑ lo]
preparar (la cena)	**préparer** (vt)	[prepare]
freír (vt)	**faire frire**	[fɛr frir]
calentar (vt)	**réchauffer** (vt)	[reʃofe]
salar (vt)	**saler** (vt)	[sale]
poner pimienta	**poivrer** (vt)	[pwavre]
rallar (vt)	**râper** (vt)	[rɑpe]
piel (f)	**peau** (f)	[po]
pelar (vt)	**éplucher** (vt)	[eplyʃe]

52. La comida

carne (f)	**viande** (f)	[vjɑ̃d]
gallina (f)	**poulet** (m)	[pulɛ]
pollo (m)	**poulet** (m)	[pulɛ]
pato (m)	**canard** (m)	[kanar]
ganso (m)	**oie** (f)	[wa]
caza (f) menor	**gibier** (m)	[ʒibje]
pava (f)	**dinde** (f)	[dɛ̃d]
carne (f) de cerdo	**du porc**	[dy pɔr]
carne (f) de ternera	**du veau**	[dy vo]
carne (f) de carnero	**du mouton**	[dy mutɔ̃]
carne (f) de vaca	**du bœuf**	[dy bœf]
conejo (m)	**lapin** (m)	[lapɛ̃]

salchichón (m)	**saucisson** (m)	[sosisɔ̃]
salchicha (f)	**saucisse** (f)	[sosis]
beicon (m)	**bacon** (m)	[bekɔn]
jamón (m)	**jambon** (m)	[ʒɑ̃bɔ̃]
jamón (m) fresco	**cuisse** (f)	[kɥis]
paté (m)	**pâté** (m)	[pɑte]
hígado (m)	**foie** (m)	[fwa]
carne (f) picada	**farce** (f)	[fars]
lengua (f)	**langue** (f)	[lɑ̃g]
huevo (m)	**œuf** (m)	[œf]
huevos (m pl)	**les œufs**	[lezø]
clara (f)	**blanc** (m) **d'œuf**	[blɑ̃ dœf]
yema (f)	**jaune** (m) **d'œuf**	[ʒon dœf]
pescado (m)	**poisson** (m)	[pwasɔ̃]
mariscos (m pl)	**fruits** (m pl) **de mer**	[frɥi də mɛr]
crustáceos (m pl)	**crustacés** (m pl)	[krystase]
caviar (m)	**caviar** (m)	[kavjar]
cangrejo (m) de mar	**crabe** (m)	[krab]
camarón (m)	**crevette** (f)	[krəvɛt]
ostra (f)	**huître** (f)	[ɥitr]
langosta (f)	**langoustine** (f)	[lɑ̃gustin]
pulpo (m)	**poulpe** (m)	[pulp]
calamar (m)	**calamar** (m)	[kalamar]
esturión (m)	**esturgeon** (m)	[ɛstyrʒɔ̃]
salmón (m)	**saumon** (m)	[somɔ̃]
fletán (m)	**flétan** (m)	[fletɑ̃]
bacalao (m)	**morue** (f)	[mɔry]
caballa (f)	**maquereau** (m)	[makro]
atún (m)	**thon** (m)	[tɔ̃]
anguila (f)	**anguille** (f)	[ɑ̃gij]
trucha (f)	**truite** (f)	[trɥit]
sardina (f)	**sardine** (f)	[sardin]
lucio (m)	**brochet** (m)	[brɔʃɛ]
arenque (m)	**hareng** (m)	[arɑ̃]
pan (m)	**pain** (m)	[pɛ̃]
queso (m)	**fromage** (m)	[frɔmaʒ]
azúcar (m)	**sucre** (m)	[sykr]
sal (f)	**sel** (m)	[sɛl]
arroz (m)	**riz** (m)	[ri]
macarrones (m pl)	**pâtes** (m pl)	[pɑt]
tallarines (m pl)	**nouilles** (f pl)	[nuj]
mantequilla (f)	**beurre** (m)	[bœr]
aceite (m) vegetal	**huile** (f) **végétale**	[ɥil veʒetal]

aceite (m) de girasol	**huile** (f) **de tournesol**	[ɥil də turnəsɔl]
margarina (f)	**margarine** (f)	[margarin]
olivas (f pl)	**olives** (f pl)	[ɔliv]
aceite (m) de oliva	**huile** (f) **d'olive**	[ɥil dɔliv]
leche (f)	**lait** (m)	[lɛ]
leche (f) condensada	**lait** (m) **condensé**	[lɛ kɔ̃dɑ̃se]
yogur (m)	**yogourt** (m)	[jaurt]
nata (f) agria	**crème** (f) **aigre**	[krɛm ɛgr]
nata (f) líquida	**crème** (f)	[krɛm]
mayonesa (f)	**sauce** (f) **mayonnaise**	[sos majɔnɛz]
crema (f) de mantequilla	**crème** (f) **au beurre**	[krɛm o bœr]
cereal molido grueso	**gruau** (m)	[gryo]
harina (f)	**farine** (f)	[farin]
conservas (f pl)	**conserves** (f pl)	[kɔ̃sɛrv]
copos (m pl) de maíz	**pétales** (m pl) **de maïs**	[petal də mais]
miel (f)	**miel** (m)	[mjɛl]
confitura (f)	**confiture** (f)	[kɔ̃fityr]
chicle (m)	**gomme** (f) **à mâcher**	[gɔm ɑ mɑʃe]

53. Las bebidas

agua (f)	**eau** (f)	[o]
agua (f) potable	**eau** (f) **potable**	[o pɔtabl]
agua (f) mineral	**eau** (f) **minérale**	[o mineral]
sin gas	**plate** (adj)	[plat]
gaseoso (adj)	**gazeuse** (adj)	[gazøz]
con gas	**pétillante** (adj)	[petijɑ̃t]
hielo (m)	**glace** (f)	[glas]
con hielo	**avec de la glace**	[avɛk dəla glas]
sin alcohol	**sans alcool**	[sɑ̃ zalkɔl]
bebida (f) sin alcohol	**boisson** (f) **non alcoolisée**	[bwasɔ̃ nonalkɔlize]
refresco (m)	**rafraîchissement** (m)	[rafrɛʃismɑ̃]
limonada (f)	**limonade** (f)	[limɔnad]
bebidas (f pl) alcohólicas	**boissons** (f pl) **alcoolisées**	[bwasɔ̃ alkɔlize]
vino (m)	**vin** (m)	[vɛ̃]
vino (m) blanco	**vin** (m) **blanc**	[vɛ̃ blɑ̃]
vino (m) tinto	**vin** (m) **rouge**	[vɛ̃ ruʒ]
licor (m)	**liqueur** (f)	[likœr]
champaña (f)	**champagne** (m)	[ʃɑ̃paɲ]

vermú (m)	**vermouth** (m)	[vɛrmut]
whisky (m)	**whisky** (m)	[wiski]
vodka (m)	**vodka** (f)	[vɔdka]
ginebra (f)	**gin** (m)	[dʒin]
coñac (m)	**cognac** (m)	[kɔɲak]
ron (m)	**rhum** (m)	[rɔm]
café (m)	**café** (m)	[kafe]
café (m) solo	**café** (m) **noir**	[kafe nwar]
café (m) con leche	**café** (m) **au lait**	[kafe o lɛ]
capuchino (m)	**cappuccino** (m)	[kaputʃino]
café (m) soluble	**café** (m) **soluble**	[kafe sɔlybl]
leche (f)	**lait** (m)	[lɛ]
cóctel (m)	**cocktail** (m)	[kɔktɛl]
batido (m)	**cocktail** (m) **au lait**	[kɔktɛl o lɛ]
zumo (m), jugo (m)	**jus** (m)	[ʒy]
jugo (m) de tomate	**jus** (m) **de tomate**	[ʒy də tɔmat]
zumo (m) de naranja	**jus** (m) **d'orange**	[ʒy dɔrɑ̃ʒ]
zumo (m) fresco	**jus** (m) **pressé**	[ʒy prese]
cerveza (f)	**bière** (f)	[bjɛr]
cerveza (f) rubia	**bière** (f) **blonde**	[bjɛr blɔ̃d]
cerveza (f) negra	**bière** (f) **brune**	[bjɛr bryn]
té (m)	**thé** (m)	[te]
té (m) negro	**thé** (m) **noir**	[te nwar]
té (m) verde	**thé** (m) **vert**	[te vɛr]

54. Las verduras

legumbres (f pl)	**légumes** (m pl)	[legym]
verduras (f pl)	**verdure** (f)	[vɛrdyr]
tomate (m)	**tomate** (f)	[tɔmat]
pepino (m)	**concombre** (m)	[kɔ̃kɔ̃br]
zanahoria (f)	**carotte** (f)	[karɔt]
patata (f)	**pomme** (f) **de terre**	[pɔm də tɛr]
cebolla (f)	**oignon** (m)	[ɔɲɔ̃]
ajo (m)	**ail** (m)	[aj]
col (f)	**chou** (m)	[ʃu]
coliflor (f)	**chou-fleur** (m)	[ʃuflœr]
col (f) de Bruselas	**chou** (m) **de Bruxelles**	[ʃu də brysɛl]
brócoli (m)	**brocoli** (m)	[brɔkɔli]
remolacha (f)	**betterave** (f)	[bɛtrav]
berenjena (f)	**aubergine** (f)	[obɛrʒin]
calabacín (m)	**courgette** (f)	[kurʒɛt]

calabaza (f)	**potiron** (m)	[pɔtirɔ̃]
nabo (m)	**navet** (m)	[navɛ]
perejil (m)	**persil** (m)	[pɛrsi]
eneldo (m)	**fenouil** (m)	[fənuj]
lechuga (f)	**laitue** (f), **salade** (f)	[lety], [salad]
apio (m)	**céleri** (m)	[sɛlri]
espárrago (m)	**asperge** (f)	[aspɛrʒ]
espinaca (f)	**épinard** (m)	[epinar]
guisante (m)	**pois** (m)	[pwa]
habas (f pl)	**fèves** (f pl)	[fɛv]
maíz (m)	**maïs** (m)	[mais]
fréjol (m)	**haricot** (m)	[ariko]
pimentón (m)	**poivron** (m)	[pwavrɔ̃]
rábano (m)	**radis** (m)	[radi]
alcachofa (f)	**artichaut** (m)	[artiʃo]

55. Las frutas. Las nueces

fruto (m)	**fruit** (m)	[frɥi]
manzana (f)	**pomme** (f)	[pɔm]
pera (f)	**poire** (f)	[pwar]
limón (m)	**citron** (m)	[sitrɔ̃]
naranja (f)	**orange** (f)	[ɔrɑ̃ʒ]
fresa (f)	**fraise** (f)	[frɛz]
mandarina (f)	**mandarine** (f)	[mɑ̃darin]
ciruela (f)	**prune** (f)	[pryn]
melocotón (m)	**pêche** (f)	[pɛʃ]
albaricoque (m)	**abricot** (m)	[abriko]
frambuesa (f)	**framboise** (f)	[frɑ̃bwaz]
ananás (m)	**ananas** (m)	[anana]
banana (f)	**banane** (f)	[banan]
sandía (f)	**pastèque** (f)	[pastɛk]
uva (f)	**raisin** (m)	[rɛzɛ̃]
guinda (f)	**cerise** (f)	[səriz]
cereza (f)	**merise** (f)	[məriz]
melón (m)	**melon** (m)	[məlɔ̃]
pomelo (m)	**pamplemousse** (m)	[pɑ̃pləmus]
aguacate (m)	**avocat** (m)	[avɔka]
papaya (m)	**papaye** (f)	[papaj]
mango (m)	**mangue** (f)	[mɑ̃g]
granada (f)	**grenade** (f)	[grənad]
grosella (f) roja	**groseille** (f) **rouge**	[grozɛj ruʒ]
grosella (f) negra	**cassis** (m)	[kasis]

grosella (f) espinosa	**groseille** (f) **verte**	[grozɛj vɛrt]
arándano (m)	**myrtille** (f)	[mirtij]
zarzamoras (f pl)	**mûre** (f)	[myr]
pasas (f pl)	**raisin** (m) **sec**	[rɛzɛ̃ sɛk]
higo (m)	**figue** (f)	[fig]
dátil (m)	**datte** (f)	[dat]
cacahuete (m)	**cacahuète** (f)	[kakawɛt]
almendra (f)	**amande** (f)	[amɑ̃d]
nuez (f)	**noix** (f)	[nwa]
avellana (f)	**noisette** (f)	[nwazɛt]
nuez (f) de coco	**noix** (f) **de coco**	[nwa də kɔkɔ]
pistachos (m pl)	**pistaches** (f pl)	[pistaʃ]

56. El pan. Los dulces

pasteles (m pl)	**confiserie** (f)	[kɔ̃fizri]
pan (m)	**pain** (m)	[pɛ̃]
galletas (f pl)	**biscuit** (m)	[biskɥi]
chocolate (m)	**chocolat** (m)	[ʃɔkɔla]
de chocolate (adj)	**en chocolat** (adj)	[ɑ̃ ʃɔkɔla]
caramelo (m)	**bonbon** (m)	[bɔ̃bɔ̃]
tarta (f) (pequeña)	**gâteau** (m)	[gato]
tarta (f) (~ de cumpleaños)	**tarte** (f)	[tart]
pastel (m) (~ de manzana)	**gâteau** (m)	[gato]
relleno (m)	**garniture** (f)	[garnityr]
confitura (f)	**confiture** (f)	[kɔ̃fityr]
mermelada (f)	**marmelade** (f)	[marməlad]
gofre (m)	**gaufre** (f)	[gofr]
helado (m)	**glace** (f)	[glas]
pudín (f)	**pudding** (m)	[pudiŋ]

57. Las especias

sal (f)	**sel** (m)	[sɛl]
salado (adj)	**salé** (adj)	[sale]
salar (vt)	**saler** (vt)	[sale]
pimienta (f) negra	**poivre** (m) **noir**	[pwavr nwar]
pimienta (f) roja	**poivre** (m) **rouge**	[pwavr ruʒ]
mostaza (f)	**moutarde** (f)	[mutard]
rábano (m) picante	**raifort** (m)	[rɛfɔr]
condimento (m)	**condiment** (m)	[kɔ̃dimɑ̃]
especia (f)	**épice** (f)	[epis]

salsa (f)	**sauce** (f)	[sos]
vinagre (m)	**vinaigre** (m)	[vinɛgr]
anís (m)	**anis** (m)	[ani(s)]
albahaca (f)	**basilic** (m)	[bazilik]
clavo (m)	**clou** (m) **de girofle**	[klu də ʒirɔfl]
jengibre (m)	**gingembre** (m)	[ʒɛ̃ʒɑ̃br]
cilantro (m)	**coriandre** (m)	[kɔrjɑ̃dr]
canela (f)	**cannelle** (f)	[kanɛl]
sésamo (m)	**sésame** (m)	[sezam]
hoja (f) de laurel	**feuille** (f) **de laurier**	[fœj də lɔrje]
paprika (f)	**paprika** (m)	[paprika]
comino (m)	**cumin** (m)	[kymɛ̃]
azafrán (m)	**safran** (m)	[safrɑ̃]

LA INFORMACIÓN PERSONAL. LA FAMILIA

T&P Books Publishing

58. La información personal. Los formularios

nombre (m)	**prénom** (m)	[prenɔ̃]
apellido (m)	**nom** (m) **de famille**	[nɔ̃ də famij]
fecha (f) de nacimiento	**date** (f) **de naissance**	[dat də nɛsɑ̃s]
lugar (m) de nacimiento	**lieu** (m) **de naissance**	[ljø də nɛsɑ̃s]
nacionalidad (f)	**nationalité** (f)	[nasjɔnalite]
domicilio (m)	**domicile** (m)	[dɔmisil]
país (m)	**pays** (m)	[pei]
profesión (f)	**profession** (f)	[prɔfɛsjɔ̃]
sexo (m)	**sexe** (m)	[sɛks]
estatura (f)	**taille** (f)	[taj]
peso (m)	**poids** (m)	[pwa]

59. Los familiares. Los parientes

madre (f)	**mère** (f)	[mɛr]
padre (m)	**père** (m)	[pɛr]
hijo (m)	**fils** (m)	[fis]
hija (f)	**fille** (f)	[fij]
hija (f) menor	**fille** (f) **cadette**	[fij kadɛt]
hijo (m) menor	**fils** (m) **cadet**	[fis kadɛ]
hija (f) mayor	**fille** (f) **aînée**	[fij ene]
hijo (m) mayor	**fils** (m) **aîné**	[fis ene]
hermano (m)	**frère** (m)	[frɛr]
hermana (f)	**sœur** (f)	[sœr]
primo (m)	**cousin** (m)	[kuzɛ̃]
prima (f)	**cousine** (f)	[kuzin]
mamá (f)	**maman** (f)	[mamɑ̃]
papá (m)	**papa** (m)	[papa]
padres (m pl)	**parents** (pl)	[parɑ̃]
niño -a (m, f)	**enfant** (m, f)	[ɑ̃fɑ̃]
niños (m pl)	**enfants** (pl)	[ɑ̃fɑ̃]
abuela (f)	**grand-mère** (f)	[grɑ̃mɛr]
abuelo (m)	**grand-père** (m)	[grɑ̃pɛr]
nieto (m)	**petit-fils** (m)	[pti fis]
nieta (f)	**petite-fille** (f)	[ptit fij]
nietos (m pl)	**petits-enfants** (pl)	[pətizɑ̃fɑ̃]

tío (m)	**oncle** (m)	[ɔ̃kl]
tía (f)	**tante** (f)	[tɑ̃t]
sobrino (m)	**neveu** (m)	[nəvø]
sobrina (f)	**nièce** (f)	[njɛs]
suegra (f)	**belle-mère** (f)	[bɛlmɛr]
suegro (m)	**beau-père** (m)	[bopɛr]
yerno (m)	**gendre** (m)	[ʒɑ̃dr]
madrastra (f)	**belle-mère, marâtre** (f)	[bɛlmɛr], [marɑtr]
padrastro (m)	**beau-père** (m)	[bopɛr]
niño (m) de pecho	**nourrisson** (m)	[nurisɔ̃]
bebé (m)	**bébé** (m)	[bebe]
chico (m)	**petit** (m)	[pti]
mujer (f)	**femme** (f)	[fam]
marido (m)	**mari** (m)	[mari]
esposo (m)	**époux** (m)	[epu]
esposa (f)	**épouse** (f)	[epuz]
casado (adj)	**marié** (adj)	[marje]
casada (adj)	**mariée** (adj)	[marje]
soltero (adj)	**célibataire** (adj)	[selibatɛr]
soltero (m)	**célibataire** (m)	[selibatɛr]
divorciado (adj)	**divorcé** (adj)	[divɔrse]
viuda (f)	**veuve** (f)	[vœv]
viudo (m)	**veuf** (m)	[vœf]
pariente (m)	**parent** (m)	[parɑ̃]
pariente (m) cercano	**parent** (m) **proche**	[parɑ̃ prɔʃ]
pariente (m) lejano	**parent** (m) **éloigné**	[parɑ̃ elwaɲe]
parientes (m pl)	**parents** (m pl)	[parɑ̃]
huérfano (m)	**orphelin** (m)	[ɔrfəlɛ̃]
huérfana (f)	**orpheline** (f)	[ɔrfəlin]
tutor (m)	**tuteur** (m)	[tytœr]
adoptar (un niño)	**adopter** (vt)	[adɔpte]
adoptar (una niña)	**adopter** (vt)	[adɔpte]

60. Los amigos. Los compañeros del trabajo

amigo (m)	**ami** (m)	[ami]
amiga (f)	**amie** (f)	[ami]
amistad (f)	**amitié** (f)	[amitje]
ser amigo	**être ami**	[ɛtr ami]
amigote (m)	**copain** (m)	[kɔpɛ̃]
amiguete (f)	**copine** (f)	[kɔpin]
compañero (m)	**partenaire** (m)	[partənɛr]
jefe (m)	**chef** (m)	[ʃɛf]

superior (m)	**supérieur** (m)	[syperjœr]
propietario (m)	**propriétaire** (m)	[prɔprijetɛr]
subordinado (m)	**subordonné** (m)	[sybɔrdɔne]
colega (m, f)	**collègue** (m, f)	[kɔlɛg]
conocido (m)	**connaissance** (f)	[kɔnɛsɑ̃s]
compañero (m) de viaje	**compagnon** (m) **de route**	[kɔ̃paɲɔ̃ də rut]
condiscípulo (m)	**copain** (m) **de classe**	[kɔpɛ̃ də klas]
vecino (m)	**voisin** (m)	[vwazɛ̃]
vecina (f)	**voisine** (f)	[vwazin]
vecinos (m pl)	**voisins** (m pl)	[vwazɛ̃]

EL CUERPO. LA MEDICINA

T&P Books Publishing

61. La cabeza

cabeza (f)	**tête** (f)	[tɛt]
cara (f)	**visage** (m)	[vizaʒ]
nariz (f)	**nez** (m)	[ne]
boca (f)	**bouche** (f)	[buʃ]
ojo (m)	**œil** (m)	[œj]
ojos (m pl)	**les yeux**	[lezjø]
pupila (f)	**pupille** (f)	[pypij]
ceja (f)	**sourcil** (m)	[sursi]
pestaña (f)	**cil** (m)	[sil]
párpado (m)	**paupière** (f)	[popjɛr]
lengua (f)	**langue** (f)	[lɑ̃g]
diente (m)	**dent** (f)	[dɑ̃]
labios (m pl)	**lèvres** (f pl)	[lɛvr]
pómulos (m pl)	**pommettes** (f pl)	[pɔmɛt]
encía (f)	**gencive** (f)	[ʒɑ̃siv]
paladar (m)	**palais** (m)	[palɛ]
ventanas (f pl)	**narines** (f pl)	[narin]
mentón (m)	**menton** (m)	[mɑ̃tɔ̃]
mandíbula (f)	**mâchoire** (f)	[mɑʃwar]
mejilla (f)	**joue** (f)	[ʒu]
frente (f)	**front** (m)	[frɔ̃]
sien (f)	**tempe** (f)	[tɑ̃p]
oreja (f)	**oreille** (f)	[ɔrɛj]
nuca (f)	**nuque** (f)	[nyk]
cuello (m)	**cou** (m)	[ku]
garganta (f)	**gorge** (f)	[gɔrʒ]
pelo, cabello (m)	**cheveux** (m pl)	[ʃəvø]
peinado (m)	**coiffure** (f)	[kwafyr]
corte (m) de pelo	**coupe** (f)	[kup]
peluca (f)	**perruque** (f)	[peryk]
bigote (m)	**moustache** (f)	[mustaʃ]
barba (f)	**barbe** (f)	[barb]
tener (~ la barba)	**porter** (vt)	[pɔrte]
trenza (f)	**tresse** (f)	[trɛs]
patillas (f pl)	**favoris** (m pl)	[favɔri]
pelirrojo (adj)	**roux** (adj)	[ru]
gris, canoso (adj)	**gris** (adj)	[gri]

calvo (adj)	**chauve** (adj)	[ʃov]
calva (f)	**calvitie** (f)	[kalvisi]
cola (f) de caballo	**queue** (f) **de cheval**	[kø də ʃəval]
flequillo (m)	**frange** (f)	[frɑ̃ʒ]

62. El cuerpo

mano (f)	**main** (f)	[mɛ̃]
brazo (m)	**bras** (m)	[bra]
dedo (m)	**doigt** (m)	[dwa]
dedo (m) del pie	**orteil** (m)	[ɔrtɛj]
dedo (m) pulgar	**pouce** (m)	[pus]
dedo (m) meñique	**petit doigt** (m)	[pəti dwa]
uña (f)	**ongle** (m)	[ɔ̃gl]
puño (m)	**poing** (m)	[pwɛ̃]
palma (f)	**paume** (f)	[pom]
muñeca (f)	**poignet** (m)	[pwaɲɛ]
antebrazo (m)	**avant-bras** (m)	[avɑ̃bra]
codo (m)	**coude** (m)	[kud]
hombro (m)	**épaule** (f)	[epol]
pierna (f)	**jambe** (f)	[ʒɑ̃b]
planta (f)	**pied** (m)	[pje]
rodilla (f)	**genou** (m)	[ʒənu]
pantorrilla (f)	**mollet** (m)	[mɔlɛ]
cadera (f)	**hanche** (f)	[ɑ̃ʃ]
talón (m)	**talon** (m)	[talɔ̃]
cuerpo (m)	**corps** (m)	[kɔr]
vientre (m)	**ventre** (m)	[vɑ̃tr]
pecho (m)	**poitrine** (f)	[pwatrin]
seno (m)	**sein** (m)	[sɛ̃]
lado (m), costado (m)	**côté** (m)	[kote]
espalda (f)	**dos** (m)	[do]
zona (f) lumbar	**reins** (m pl), **région** (f) **lombaire**	[rɛn], [reʒjɔ̃ lɔ̃bɛr]
cintura (f), talle (m)	**taille** (f)	[taj]
ombligo (m)	**nombril** (m)	[nɔ̃bril]
nalgas (f pl)	**fesses** (f pl)	[fɛs]
trasero (m)	**derrière** (m)	[dɛrjɛr]
lunar (m)	**grain** (m) **de beauté**	[grɛ̃ də bote]
marca (f) de nacimiento	**tache** (f) **de vin**	[taʃ də vɛ̃]
tatuaje (m)	**tatouage** (m)	[tatwaʒ]
cicatriz (f)	**cicatrice** (f)	[sikatris]

63. Las enfermedades

enfermedad (f)	**maladie** (f)	[maladi]
estar enfermo	**être malade**	[ɛtr malad]
salud (f)	**santé** (f)	[sɑ̃te]
resfriado (m) (coriza)	**rhume** (m)	[rym]
angina (f)	**angine** (f)	[ɑ̃ʒin]
resfriado (m)	**refroidissement** (m)	[rəfrwadismɑ̃]
resfriarse (vr)	**prendre froid**	[prɑ̃dr frwa]
bronquitis (f)	**bronchite** (f)	[brɔ̃ʃit]
pulmonía (f)	**pneumonie** (f)	[pnømɔni]
gripe (f)	**grippe** (f)	[grip]
miope (adj)	**myope** (adj)	[mjɔp]
présbita (adj)	**presbyte** (adj)	[prɛsbit]
estrabismo (m)	**strabisme** (m)	[strabism]
estrábico (m) (adj)	**strabique** (adj)	[strabik]
catarata (f)	**cataracte** (f)	[katarakt]
glaucoma (f)	**glaucome** (m)	[glokom]
insulto (m)	**insulte** (f)	[ɛ̃sylt]
ataque (m) cardiaco	**crise** (f) **cardiaque**	[kriz kardjak]
infarto (m) de miocardio	**infarctus** (m) **de myocarde**	[ɛ̃farktys də mjɔkard]
parálisis (f)	**paralysie** (f)	[paralizi]
paralizar (vt)	**paralyser** (vt)	[paralize]
alergia (f)	**allergie** (f)	[alɛrʒi]
asma (f)	**asthme** (m)	[asm]
diabetes (m)	**diabète** (m)	[djabɛt]
dolor (m) de muelas	**mal** (m) **de dents**	[mal də dɑ̃]
caries (f)	**carie** (f)	[kari]
diarrea (f)	**diarrhée** (f)	[djare]
estreñimiento (m)	**constipation** (f)	[kɔ̃stipasjɔ̃]
molestia (f) estomacal	**estomac** (m) **barbouillé**	[ɛstɔma barbuje]
envenenamiento (m)	**intoxication** (f) **alimentaire**	[ɛ̃tɔksikasjɔn alimɑ̃tɛr]
envenenarse (vr)	**être intoxiqué**	[ɛtr ɛ̃tɔksike]
artritis (f)	**arthrite** (f)	[artrit]
raquitismo (m)	**rachitisme** (m)	[raʃitism]
reumatismo (m)	**rhumatisme** (m)	[rymatism]
ateroesclerosis (f)	**athérosclérose** (f)	[ateroskleroz]
gastritis (f)	**gastrite** (f)	[gastrit]
apendicitis (f)	**appendicite** (f)	[apɛ̃disit]
colecistitis (m)	**cholécystite** (f)	[kɔlesistit]

úlcera (f)	**ulcère** (m)	[ylsɛr]
sarampión (m)	**rougeole** (f)	[ruʒɔl]
rubeola (f)	**rubéole** (f)	[rybeɔl]
ictericia (f)	**jaunisse** (f)	[ʒonis]
hepatitis (f)	**hépatite** (f)	[epatit]
esquizofrenia (f)	**schizophrénie** (f)	[skizɔfreni]
rabia (f) (hidrofobia)	**rage** (f)	[raʒ]
neurosis (f)	**névrose** (f)	[nevroz]
conmoción (m) cerebral	**commotion** (f) **cérébrale**	[kɔmɔsjɔ̃ serebral]
cáncer (m)	**cancer** (m)	[kɑ̃sɛr]
esclerosis (f)	**sclérose** (f)	[skleroz]
esclerosis (m) múltiple	**sclérose** (f) **en plaques**	[skleroz ɑ̃ plak]
alcoholismo (m)	**alcoolisme** (m)	[alkɔlism]
alcohólico (m)	**alcoolique** (m)	[alkɔlik]
sífilis (f)	**syphilis** (f)	[sifilis]
SIDA (f)	**SIDA** (m)	[sida]
tumor (m)	**tumeur** (f)	[tymœr]
maligno (adj)	**maligne** (adj)	[maliɲ]
benigno (adj)	**bénigne** (adj)	[beniɲ]
fiebre (f)	**fièvre** (f)	[fjɛvr]
malaria (f)	**malaria** (f)	[malarja]
gangrena (f)	**gangrène** (f)	[gɑ̃grɛn]
mareo (m)	**mal** (m) **de mer**	[mal də mɛr]
epilepsia (f)	**épilepsie** (f)	[epilɛpsi]
epidemia (f)	**épidémie** (f)	[epidemi]
tifus (m)	**typhus** (m)	[tifys]
tuberculosis (f)	**tuberculose** (f)	[tybɛrkyloz]
cólera (f)	**choléra** (m)	[kɔlera]
peste (f)	**peste** (f)	[pɛst]

64. Los síntomas. Los tratamientos. Unidad 1

síntoma (m)	**symptôme** (m)	[sɛ̃ptom]
temperatura (f)	**température** (f)	[tɑ̃peratyr]
fiebre (f)	**fièvre** (f)	[fjɛvr]
pulso (m)	**pouls** (m)	[pu]
mareo (m) (vértigo)	**vertige** (m)	[vɛrtiʒ]
caliente (adj)	**chaud** (adj)	[ʃo]
escalofrío (m)	**frisson** (m)	[frisɔ̃]
pálido (adj)	**pâle** (adj)	[pɑl]
tos (f)	**toux** (f)	[tu]
toser (vi)	**tousser** (vi)	[tuse]

estornudar (vi)	**éternuer** (vi)	[etɛrnɥe]
desmayo (m)	**évanouissement** (m)	[evanwismɑ̃]
desmayarse (vr)	**s'évanouir** (vp)	[sevanwir]
moradura (f)	**bleu** (m)	[blø]
chichón (m)	**bosse** (f)	[bɔs]
golpearse (vr)	**se heurter** (vp)	[sə œrte]
magulladura (f)	**meurtrissure** (f)	[mœrtrisyr]
magullarse (vr)	**se faire mal**	[sə fɛr mal]
cojear (vi)	**boiter** (vi)	[bwate]
dislocación (f)	**foulure** (f)	[fulyr]
dislocar (vt)	**se démettre** (vp)	[sə demɛtr]
fractura (f)	**fracture** (f)	[fraktyr]
tener una fractura	**avoir une fracture**	[avwar yn fraktyr]
corte (m) (tajo)	**coupure** (f)	[kupyr]
cortarse (vr)	**se couper** (vp)	[sə kupe]
hemorragia (f)	**hémorragie** (f)	[emɔraʒi]
quemadura (f)	**brûlure** (f)	[brylyr]
quemarse (vr)	**se brûler** (vp)	[sə bryle]
pincharse (el dedo)	**se piquer** (vp)	[sə pike]
pincharse (vr)	**se piquer** (vp)	[sə pike]
herir (vt)	**blesser** (vt)	[blese]
herida (f)	**blessure** (f)	[blesyr]
lesión (f) (herida)	**blessure** (f)	[blesyr]
trauma (m)	**trauma** (m)	[troma]
delirar (vi)	**délirer** (vi)	[delire]
tartamudear (vi)	**bégayer** (vi)	[begeje]
insolación (f)	**insolation** (f)	[ɛ̃sɔlasjɔ̃]

65. Los síntomas. Los tratamientos. Unidad 2

dolor (m)	**douleur** (f)	[dulœr]
astilla (f)	**écharde** (f)	[eʃard]
sudor (m)	**sueur** (f)	[sɥœr]
sudar (vi)	**suer** (vi)	[sɥe]
vómito (m)	**vomissement** (m)	[vɔmismɑ̃]
convulsiones (f)	**spasmes** (m pl)	[spasm]
embarazada (adj)	**enceinte** (adj)	[ɑ̃sɛ̃t]
nacer (vi)	**naître** (vi)	[nɛtr]
parto (m)	**accouchement** (m)	[akuʃmɑ̃]
dar a luz	**accoucher** (vt)	[akuʃe]
aborto (m)	**avortement** (m)	[avɔrtəmɑ̃]
respiración (f)	**respiration** (f)	[rɛspirasjɔ̃]

inspiración (f)	**inhalation** (f)	[inalasjɔ̃]
espiración (f)	**expiration** (f)	[ɛkspirasjɔ̃]
espirar (vi)	**expirer** (vi)	[ɛkspire]
inspirar (vi)	**inspirer** (vi)	[inale]
inválido (m)	**invalide** (m)	[ɛ̃valid]
mutilado (m)	**handicapé** (m)	[ɑ̃dikape]
drogadicto (m)	**drogué** (m)	[drɔge]
sordo (adj)	**sourd** (adj)	[sur]
mudo (adj)	**muet** (adj)	[mɥɛ]
sordomudo (adj)	**sourd-muet** (adj)	[surmɥɛ]
loco (adj)	**fou** (adj)	[fu]
loco (m)	**fou** (m)	[fu]
loca (f)	**folle** (f)	[fɔl]
volverse loco	**devenir fou**	[dəvnir fu]
gen (m)	**gène** (m)	[ʒɛn]
inmunidad (f)	**immunité** (f)	[imynite]
hereditario (adj)	**héréditaire** (adj)	[ereditɛr]
de nacimiento (adj)	**congénital** (adj)	[kɔ̃ʒenital]
virus (m)	**virus** (m)	[virys]
microbio (m)	**microbe** (m)	[mikrɔb]
bacteria (f)	**bactérie** (f)	[bakteri]
infección (f)	**infection** (f)	[ɛ̃fɛksjɔ̃]

66. Los síntomas. Los tratamientos. Unidad 3

hospital (m)	**hôpital** (m)	[ɔpital]
paciente (m)	**patient** (m)	[pasjɑ̃]
diagnosis (f)	**diagnostic** (m)	[djagnɔstik]
cura (f)	**cure** (f)	[kyr]
tratamiento (m)	**traitement** (m)	[trɛtmɑ̃]
curarse (vr)	**se faire soigner**	[sə fɛr swaɲe]
tratar (vt)	**traiter** (vt)	[trete]
cuidar (a un enfermo)	**soigner** (vt)	[swaɲe]
cuidados (m pl)	**soins** (m pl)	[swɛ̃]
operación (f)	**opération** (f)	[ɔperasjɔ̃]
vendar (vt)	**panser** (vt)	[pɑ̃se]
vendaje (m)	**pansement** (m)	[pɑ̃smɑ̃]
vacunación (f)	**vaccination** (f)	[vaksinasjɔ̃]
vacunar (vt)	**vacciner** (vt)	[vaksine]
inyección (f)	**piqûre** (f)	[pikyr]
aplicar una inyección	**faire une piqûre**	[fɛr yn pikyr]
ataque (m)	**crise, attaque** (f)	[kriz], [atak]

amputación (f)	**amputation** (f)	[ɑ̃pytasjɔ̃]
amputar (vt)	**amputer** (vt)	[ɑ̃pyte]
coma (m)	**coma** (m)	[kɔma]
estar en coma	**être dans le coma**	[ɛtr dɑ̃ lə kɔma]
revitalización (f)	**réanimation** (f)	[reanimasjɔ̃]
recuperarse (vr)	**se rétablir** (vp)	[sə retablir]
estado (m) (de salud)	**état** (m)	[eta]
consciencia (f)	**conscience** (f)	[kɔ̃sjɑ̃s]
memoria (f)	**mémoire** (f)	[memwar]
extraer (un diente)	**arracher** (vt)	[araʃe]
empaste (m)	**plombage** (m)	[plɔ̃baʒ]
empastar (vt)	**plomber** (vt)	[plɔ̃be]
hipnosis (f)	**hypnose** (f)	[ipnoz]
hipnotizar (vt)	**hypnotiser** (vt)	[ipnɔtize]

67. La medicina. Las drogas. Los accesorios

medicamento (m), droga (f)	**médicament** (m)	[medikamɑ̃]
remedio (m)	**remède** (m)	[rəmɛd]
prescribir (vt)	**prescrire** (vt)	[prɛskrir]
receta (f)	**ordonnance** (f)	[ɔrdɔnɑ̃s]
tableta (f)	**comprimé** (m)	[kɔ̃prime]
ungüento (m)	**onguent** (m)	[ɔ̃gɑ̃]
ampolla (f)	**ampoule** (f)	[ɑ̃pul]
mixtura (f), mezcla (f)	**mixture** (f)	[mikstyr]
sirope (m)	**sirop** (m)	[siro]
píldora (f)	**pilule** (f)	[pilyl]
polvo (m)	**poudre** (f)	[pudr]
venda (f)	**bande** (f)	[bɑ̃d]
algodón (m) (discos de ~)	**coton** (m)	[kɔtɔ̃]
yodo (m)	**iode** (m)	[jɔd]
tirita (f), curita (f)	**sparadrap** (m)	[sparadra]
pipeta (f)	**compte-gouttes** (m)	[kɔ̃tgut]
termómetro (m)	**thermomètre** (m)	[tɛrmɔmɛtr]
jeringa (f)	**seringue** (f)	[sərɛ̃g]
silla (f) de ruedas	**fauteuil** (m) **roulant**	[fotœj rulɑ̃]
muletas (f pl)	**béquilles** (f pl)	[bekij]
anestésico (m)	**anesthésique** (m)	[anɛstezik]
purgante (m)	**purgatif** (m)	[pyrgatif]
alcohol (m)	**alcool** (m)	[alkɔl]
hierba (f) medicinal	**herbe** (f) **médicinale**	[ɛrb medisinal]
de hierbas (té ~)	**d'herbes** (adj)	[dɛrb]

EL APARTAMENTO

T&P Books Publishing

68. El apartamento

apartamento (m)	**appartement** (m)	[apartəmɑ̃]
habitación (f)	**chambre** (f)	[ʃɑ̃br]
dormitorio (m)	**chambre** (f) **à coucher**	[ʃɑ̃br ɑ kuʃe]
comedor (m)	**salle** (f) **à manger**	[sal ɑ mɑ̃ʒe]
salón (m)	**salon** (m)	[salɔ̃]
despacho (m)	**bureau** (m)	[byro]
antecámara (f)	**antichambre** (f)	[ɑ̃tiʃɑ̃br]
cuarto (m) de baño	**salle** (f) **de bains**	[sal də bɛ̃]
servicio (m)	**toilettes** (f pl)	[twalɛt]
techo (m)	**plafond** (m)	[plafɔ̃]
suelo (m)	**plancher** (m)	[plɑ̃ʃe]
rincón (m)	**coin** (m)	[kwɛ̃]

69. Los muebles. El interior

muebles (m pl)	**meubles** (m pl)	[mœbl]
mesa (f)	**table** (f)	[tabl]
silla (f)	**chaise** (f)	[ʃɛz]
cama (f)	**lit** (m)	[li]
sofá (m)	**canapé** (m)	[kanape]
sillón (m)	**fauteuil** (m)	[fotœj]
librería (f)	**bibliothèque** (f)	[biblijɔtɛk]
estante (m)	**rayon** (m)	[rɛjɔ̃]
armario (m)	**armoire** (f)	[armwar]
percha (f)	**patère** (f)	[patɛr]
perchero (m) de pie	**portemanteau** (m)	[pɔrtmɑ̃to]
cómoda (f)	**commode** (f)	[kɔmɔd]
mesa (f) de café	**table** (f) **basse**	[tabl bas]
espejo (m)	**miroir** (m)	[mirwar]
tapiz (m)	**tapis** (m)	[tapi]
alfombra (f)	**petit tapis** (m)	[pəti tapi]
chimenea (f)	**cheminée** (f)	[ʃəmine]
candela (f)	**bougie** (f)	[buʒi]
candelero (m)	**chandelier** (m)	[ʃɑ̃dəlje]
cortinas (f pl)	**rideaux** (m pl)	[rido]

empapelado (m)	**papier** (m) **peint**	[papje pɛ̃]
estor (m) de láminas	**jalousie** (f)	[ʒaluzi]
lámpara (f) de mesa	**lampe** (f) **de table**	[lɑ̃p də tabl]
candil (m)	**applique** (f)	[aplik]
lámpara (f) de pie	**lampadaire** (m)	[lɑ̃padɛr]
lámpara (f) de araña	**lustre** (m)	[lystr]
pata (f) (~ de la mesa)	**pied** (m)	[pje]
brazo (m)	**accoudoir** (m)	[akudwar]
espaldar (m)	**dossier** (m)	[dosje]
cajón (m)	**tiroir** (m)	[tirwar]

70. Los accesorios de la cama

ropa (f) de cama	**linge** (m) **de lit**	[lɛ̃ʒ də li]
almohada (f)	**oreiller** (m)	[ɔrɛje]
funda (f)	**taie** (f) **d'oreiller**	[tɛ dɔrɛje]
manta (f)	**couverture** (f)	[kuvɛrtyr]
sábana (f)	**drap** (m)	[dra]
sobrecama (f)	**couvre-lit** (m)	[kuvrəli]

71. La cocina

cocina (f)	**cuisine** (f)	[kɥizin]
gas (m)	**gaz** (m)	[gaz]
cocina (f) de gas	**cuisinière** (f) **à gaz**	[kɥizinjɛr ɑ gaz]
cocina (f) eléctrica	**cuisinière** (f) **électrique**	[kɥizinjɛr elɛktrik]
horno (m)	**four** (m)	[fur]
horno (m) microondas	**four** (m) **micro-ondes**	[fur mikrɔɔ̃d]
frigorífico (m)	**réfrigérateur** (m)	[refriʒeratœr]
congelador (m)	**congélateur** (m)	[kɔ̃ʒelatœr]
lavavajillas (m)	**lave-vaisselle** (m)	[lavvesɛl]
picadora (f) de carne	**hachoir** (m)	[aʃwar]
exprimidor (m)	**centrifugeuse** (f)	[sɑ̃trifyʒøz]
tostador (m)	**grille-pain** (m)	[grijpɛ̃]
batidora (f)	**batteur** (m)	[batœr]
cafetera (f) (aparato de cocina)	**machine** (f) **à café**	[maʃin ɑ kafe]
cafetera (f) (para servir)	**cafetière** (f)	[kaftjɛr]
molinillo (m) de café	**moulin** (m) **à café**	[mulɛ̃ ɑ kafe]
hervidor (m) de agua	**bouilloire** (f)	[bujwar]
tetera (f)	**théière** (f)	[tejɛr]
tapa (f)	**couvercle** (m)	[kuvɛrkl]
colador (m) de té	**passoire** (f) **à thé**	[pɑswar ɑ te]

cuchara (f)	**cuillère** (f)	[kɥijɛr]
cucharilla (f)	**petite cuillère** (f)	[pətit kɥijɛr]
cuchara (f) de sopa	**cuillère** (f) **à soupe**	[kɥijɛr ɑ sup]
tenedor (m)	**fourchette** (f)	[furʃɛt]
cuchillo (m)	**couteau** (m)	[kuto]
vajilla (f)	**vaisselle** (f)	[vɛsɛl]
plato (m)	**assiette** (f)	[asjɛt]
platillo (m)	**soucoupe** (f)	[sukup]
vaso (m) de chupito	**verre** (m) **à shot**	[vɛr ɑ ʃot]
vaso (m) (~ de agua)	**verre** (m)	[vɛr]
taza (f)	**tasse** (f)	[tɑs]
azucarera (f)	**sucrier** (m)	[sykrije]
salero (m)	**salière** (f)	[saljɛr]
pimentero (m)	**poivrière** (f)	[pwavrijɛr]
mantequera (f)	**beurrier** (m)	[bœrje]
cacerola (f)	**casserole** (f)	[kasrɔl]
sartén (f)	**poêle** (f)	[pwal]
cucharón (m)	**louche** (f)	[luʃ]
colador (m)	**passoire** (f)	[pɑswar]
bandeja (f)	**plateau** (m)	[plato]
botella (f)	**bouteille** (f)	[butɛj]
tarro (m) de vidrio	**bocal** (m)	[bɔkal]
lata (f) de hojalata	**boîte** (f) **en fer-blanc**	[bwat ɑ̃ fɛrblɑ̃]
abrebotellas (m)	**ouvre-bouteille** (m)	[uvrəbutɛj]
abrelatas (m)	**ouvre-boîte** (m)	[uvrəbwat]
sacacorchos (m)	**tire-bouchon** (m)	[tirbuʃɔ̃]
filtro (m)	**filtre** (m)	[filtr]
filtrar (vt)	**filtrer** (vt)	[filtre]
basura (f)	**ordures** (f pl)	[ɔrdyr]
cubo (m) de basura	**poubelle** (f)	[pubɛl]

72. El baño

cuarto (m) de baño	**salle** (f) **de bains**	[sal də bɛ̃]
agua (f)	**eau** (f)	[o]
grifo (m)	**robinet** (m)	[rɔbinɛ]
agua (f) caliente	**eau** (f) **chaude**	[o ʃod]
agua (f) fría	**eau** (f) **froide**	[o frwad]
pasta (f) de dientes	**dentifrice** (m)	[dɑ̃tifris]
limpiarse los dientes	**se brosser les dents**	[sə brɔse le dɑ̃]
cepillo (m) de dientes	**brosse** (f) **à dents**	[brɔs ɑ dɑ̃]
afeitarse (vr)	**se raser** (vp)	[sə raze]

espuma (f) de afeitar	**mousse** (f) **à raser**	[mus ɑ raze]
maquinilla (f) de afeitar	**rasoir** (m)	[razwar]
lavar (vt)	**laver** (vt)	[lave]
darse un baño	**se laver** (vp)	[sə lave]
ducha (f)	**douche** (f)	[duʃ]
darse una ducha	**prendre une douche**	[prɑ̃dr yn duʃ]
baño (m)	**baignoire** (f)	[bɛɲwar]
inodoro (m)	**cuvette** (f)	[kyvɛt]
lavabo (m)	**lavabo** (m)	[lavabo]
jabón (m)	**savon** (m)	[savɔ̃]
jabonera (f)	**porte-savon** (m)	[pɔrtsavɔ̃]
esponja (f)	**éponge** (f)	[epɔ̃ʒ]
champú (m)	**shampooing** (m)	[ʃɑ̃pwɛ̃]
toalla (f)	**serviette** (f)	[sɛrvjɛt]
bata (f) de baño	**peignoir** (m) **de bain**	[pɛɲwar də bɛ̃]
colada (f), lavado (m)	**lessive** (f)	[lɛsiv]
lavadora (f)	**machine** (f) **à laver**	[maʃin ɑ lave]
lavar la ropa	**faire la lessive**	[fɛr la lɛsiv]
detergente (m) en polvo	**lessive** (f)	[lɛsiv]

73. Los aparatos domésticos

televisor (m)	**télé** (f)	[tele]
magnetófono (m)	**magnétophone** (m)	[maɲetɔfɔn]
vídeo (m)	**magnétoscope** (m)	[maɲetɔskɔp]
radio (f)	**radio** (f)	[radjo]
reproductor (m) (~ MP3)	**lecteur** (m)	[lɛktœr]
proyector (m) de vídeo	**vidéoprojecteur** (m)	[videɔprɔʒɛktœr]
sistema (m) home cinema	**home cinéma** (m)	[həʊm sinema]
reproductor (m) de DVD	**lecteur DVD** (m)	[lɛktœr devede]
amplificador (m)	**amplificateur** (m)	[ɑ̃plifikatœr]
videoconsola (f)	**console** (f) **de jeux**	[kɔ̃sɔl də ʒø]
cámara (f) de vídeo	**caméscope** (m)	[kameskɔp]
cámara (f) fotográfica	**appareil** (m) **photo**	[aparɛj fɔto]
cámara (f) digital	**appareil** (m) **photo numérique**	[aparɛj fɔto nymerik]
aspirador (m)	**aspirateur** (m)	[aspiratœr]
plancha (f)	**fer** (m) **à repasser**	[fɛr ɑ rəpase]
tabla (f) de planchar	**planche** (f) **à repasser**	[plɑ̃ʃ ɑ rəpase]
teléfono (m)	**téléphone** (m)	[telefɔn]
teléfono (m) móvil	**portable** (m)	[pɔrtabl]

máquina (f) de escribir	**machine** (f) **à écrire**	[maʃin ɑ ekrir]
máquina (f) de coser	**machine** (f) **à coudre**	[maʃin ɑ kudr]
micrófono (m)	**micro** (m)	[mikro]
auriculares (m pl)	**écouteurs** (m pl)	[ekutœr]
mando (m) a distancia	**télécommande** (f)	[telekɔmɑ̃d]
CD (m)	**CD** (m)	[sede]
casete (m)	**cassette** (f)	[kasɛt]
disco (m) de vinilo	**disque** (m) **vinyle**	[disk vinil]

LA TIERRA. EL TIEMPO

T&P Books Publishing

74. El espacio

cosmos (m)	**cosmos** (m)	[kɔsmos]
espacial, cósmico (adj)	**cosmique** (adj)	[kɔsmik]
espacio (m) cósmico	**espace** (m) **cosmique**	[ɛspas kɔsmik]
mundo (m)	**monde** (m)	[mɔ̃d]
universo (m)	**univers** (m)	[ynivɛr]
galaxia (f)	**galaxie** (f)	[galaksi]
estrella (f)	**étoile** (f)	[etwal]
constelación (f)	**constellation** (f)	[kɔ̃stelasjɔ̃]
planeta (m)	**planète** (f)	[planɛt]
satélite (m)	**satellite** (m)	[satelit]
meteorito (m)	**météorite** (m)	[meteɔrit]
cometa (f)	**comète** (f)	[kɔmɛt]
asteroide (m)	**astéroïde** (m)	[asterɔid]
órbita (f)	**orbite** (f)	[ɔrbit]
girar (vi)	**tourner** (vi)	[turne]
atmósfera (f)	**atmosphère** (f)	[atmɔsfɛr]
Sol (m)	**Soleil** (m)	[sɔlɛj]
Sistema (m) Solar	**système** (m) **solaire**	[sistɛm sɔlɛr]
eclipse (m) de Sol	**éclipse** (f) **de soleil**	[leklips də sɔlɛj]
Tierra (f)	**Terre** (f)	[tɛr]
Luna (f)	**Lune** (f)	[lyn]
Marte (m)	**Mars** (m)	[mars]
Venus (f)	**Vénus** (f)	[venys]
Júpiter (m)	**Jupiter** (m)	[ʒypitɛr]
Saturno (m)	**Saturne** (m)	[satyrn]
Mercurio (m)	**Mercure** (m)	[mɛrkyr]
Urano (m)	**Uranus** (m)	[yranys]
Neptuno (m)	**Neptune**	[nɛptyn]
Plutón (m)	**Pluton** (m)	[plytɔ̃]
la Vía Láctea	**la Voie Lactée**	[la vwa lakte]
la Osa Mayor	**la Grande Ours**	[la grɑ̃d urs]
la Estrella Polar	**la Polaire**	[la pɔlɛr]
marciano (m)	**martien** (m)	[marsjɛ̃]
extraterrestre (m)	**extraterrestre** (m)	[ɛkstratɛrɛstr]

planetícola (m)	**alien** (m)	[aljen]
platillo (m) volante	**soucoupe** (f) **volante**	[sukup vɔlɑ̃t]
nave (f) espacial	**vaisseau** (m) **spatial**	[vɛso spasjal]
estación (f) orbital	**station** (f) **orbitale**	[stasjɔ̃ ɔrbital]
despegue (m)	**lancement** (m)	[lɑ̃smɑ̃]
motor (m)	**moteur** (m)	[mɔtœr]
tobera (f)	**tuyère** (f)	[tyjɛr]
combustible (m)	**carburant** (m)	[karbyrɑ̃]
carlinga (f)	**cabine** (f)	[kabin]
antena (f)	**antenne** (f)	[ɑ̃tɛn]
ventana (f)	**hublot** (m)	[yblo]
batería (f) solar	**batterie** (f) **solaire**	[batri sɔlɛr]
escafandra (f)	**scaphandre** (m)	[skafɑ̃dr]
ingravidez (f)	**apesanteur** (f)	[apəzɑ̃tœr]
oxígeno (m)	**oxygène** (m)	[ɔksiʒɛn]
atraque (m)	**arrimage** (m)	[arimaʒ]
realizar el atraque	**s'arrimer à ...**	[sarime a]
observatorio (m)	**observatoire** (m)	[ɔpsɛrvatwar]
telescopio (m)	**télescope** (m)	[teleskɔp]
observar (vt)	**observer** (vt)	[ɔpsɛrve]
explorar (~ el universo)	**explorer** (vt)	[ɛksplɔre]

75. La tierra

Tierra (f)	**Terre** (f)	[tɛr]
globo (m) terrestre	**globe** (m) **terrestre**	[glɔb tɛrɛstr]
planeta (m)	**planète** (f)	[planɛt]
atmósfera (f)	**atmosphère** (f)	[atmɔsfɛr]
geografía (f)	**géographie** (f)	[ʒeɔgrafi]
naturaleza (f)	**nature** (f)	[natyr]
globo (m) terráqueo	**globe** (m) **de table**	[glɔb də tabl]
mapa (m)	**carte** (f)	[kart]
atlas (m)	**atlas** (m)	[atlas]
Europa (f)	**Europe** (f)	[ørɔp]
Asia (f)	**Asie** (f)	[azi]
África (f)	**Afrique** (f)	[afrik]
Australia (f)	**Australie** (f)	[ostrali]
América (f)	**Amérique** (f)	[amerik]
América (f) del Norte	**Amérique** (f) **du Nord**	[amerik dy nɔr]
América (f) del Sur	**Amérique** (f) **du Sud**	[amerik dy syd]

Antártida (f)	**l'Antarctique** (m)	[lɑ̃tarktik]
Ártico (m)	**l'Arctique** (m)	[larktik]

76. Los puntos cardinales

norte (m)	**nord** (m)	[nɔr]
al norte	**vers le nord**	[vɛr lə nɔr]
en el norte	**au nord**	[onɔr]
del norte (adj)	**du nord** (adj)	[dy nɔr]
sur (m)	**sud** (m)	[syd]
al sur	**vers le sud**	[vɛr lə syd]
en el sur	**au sud**	[osyd]
del sur (adj)	**du sud** (adj)	[dy syd]
oeste (m)	**ouest** (m)	[wɛst]
al oeste	**vers l'occident**	[vɛr lɔksidɑ̃]
en el oeste	**à l'occident**	[alɔksidɑ̃]
del oeste (adj)	**occidental** (adj)	[ɔksidɑ̃tal]
este (m)	**est** (m)	[ɛst]
al este	**vers l'orient**	[vɛr lɔrjɑ̃]
en el este	**à l'orient**	[alɔrjɑ̃]
del este (adj)	**oriental** (adj)	[ɔrjɑ̃tal]

77. El mar. El océano

mar (m)	**mer** (f)	[mɛr]
océano (m)	**océan** (m)	[ɔseɑ̃]
golfo (m)	**golfe** (m)	[gɔlf]
estrecho (m)	**détroit** (m)	[detrwa]
tierra (f) firme	**terre** (f) **ferme**	[tɛr fɛrm]
continente (m)	**continent** (m)	[kɔ̃tinɑ̃]
isla (f)	**île** (f)	[il]
península (f)	**presqu'île** (f)	[prɛskil]
archipiélago (m)	**archipel** (m)	[arʃipɛl]
bahía (f)	**baie** (f)	[bɛ]
puerto (m)	**port** (m)	[pɔr]
laguna (f)	**lagune** (f)	[lagyn]
cabo (m)	**cap** (m)	[kap]
atolón (m)	**atoll** (m)	[atɔl]
arrecife (m)	**récif** (m)	[resif]
coral (m)	**corail** (m)	[kɔraj]
arrecife (m) de coral	**récif** (m) **de corail**	[resif də kɔraj]
profundo (adj)	**profond** (adj)	[prɔfɔ̃]

profundidad (f)	**profondeur** (f)	[prɔfɔ̃dœr]
abismo (m)	**abîme** (m)	[abim]
fosa (f) oceánica	**fosse** (f) **océanique**	[fos ɔseanik]
corriente (f)	**courant** (m)	[kurɑ̃]
bañar (rodear)	**baigner** (vt)	[beɲe]
orilla (f)	**littoral** (m)	[litɔral]
costa (f)	**côte** (f)	[kot]
flujo (m)	**marée** (f) **haute**	[mare ot]
reflujo (m)	**marée** (f) **basse**	[mare bas]
banco (m) de arena	**banc** (m) **de sable**	[bɑ̃ də sabl]
fondo (m)	**fond** (m)	[fɔ̃]
ola (f)	**vague** (f)	[vag]
cresta (f) de la ola	**crête** (f) **de la vague**	[krɛt də la vag]
espuma (f)	**mousse** (f)	[mus]
tempestad (f)	**tempête** (f) **en mer**	[tɑ̃pɛt ɑ̃mɛr]
huracán (m)	**ouragan** (m)	[uragɑ̃]
tsunami (m)	**tsunami** (m)	[tsynami]
bonanza (f)	**calme** (m)	[kalm]
calmo, tranquilo	**calme** (adj)	[kalm]
polo (m)	**pôle** (m)	[pol]
polar (adj)	**polaire** (adj)	[pɔlɛr]
latitud (f)	**latitude** (f)	[latityd]
longitud (f)	**longitude** (f)	[lɔ̃ʒityd]
paralelo (m)	**parallèle** (f)	[paralɛl]
ecuador (m)	**équateur** (m)	[ekwatœr]
cielo (m)	**ciel** (m)	[sjɛl]
horizonte (m)	**horizon** (m)	[ɔrizɔ̃]
aire (m)	**air** (m)	[ɛr]
faro (m)	**phare** (m)	[far]
bucear (vi)	**plonger** (vi)	[plɔ̃ʒe]
hundirse (vr)	**sombrer** (vi)	[sɔ̃bre]
tesoros (m pl)	**trésor** (m)	[trezɔr]

78. Los nombres de los mares y los océanos

océano (m) Atlántico	**océan** (m) **Atlantique**	[ɔsean atlɑ̃tik]
océano (m) Índico	**océan** (m) **Indien**	[ɔsean ɛ̃djɛ̃]
océano (m) Pacífico	**océan** (m) **Pacifique**	[ɔseɑ̃ pasifik]
océano (m) Glacial Ártico	**océan** (m) **Glacial**	[ɔseɑ̃ glasjal]
mar (m) Negro	**mer** (f) **Noire**	[mɛr nwar]
mar (m) Rojo	**mer** (f) **Rouge**	[mɛr ruʒ]

mar (m) Amarillo	**mer** (f) **Jaune**	[mɛr ʒon]
mar (m) Blanco	**mer** (f) **Blanche**	[mɛr blɑ̃ʃ]
mar (m) Caspio	**mer** (f) **Caspienne**	[mɛr kaspjɛn]
mar (m) Muerto	**mer** (f) **Morte**	[mɛr mɔrt]
mar (m) Mediterráneo	**mer** (f) **Méditerranée**	[mɛr meditɛrane]
mar (m) Egeo	**mer** (f) **Égée**	[mɛr eʒe]
mar (m) Adriático	**mer** (f) **Adriatique**	[mɛr adrijatik]
mar (m) Arábigo	**mer** (f) **Arabique**	[mɛr arabik]
mar (m) del Japón	**mer** (f) **du Japon**	[mɛr dy ʒapɔ̃]
mar (m) de Bering	**mer** (f) **de Béring**	[mɛr də beriŋ]
mar (m) de la China Meridional	**mer** (f) **de Chine Méridionale**	[mɛr də ʃin meridjɔnal]
mar (m) del Coral	**mer** (f) **de Corail**	[mɛr də kɔraj]
mar (m) de Tasmania	**mer** (f) **de Tasman**	[mɛr də tasman]
mar (m) Caribe	**mer** (f) **Caraïbe**	[mɛr karaib]
mar (m) de Barents	**mer** (f) **de Barents**	[mɛr də barɛ̃s]
mar (m) de Kara	**mer** (f) **de Kara**	[mɛr də kara]
mar (m) del Norte	**mer** (f) **du Nord**	[mɛr dy nɔr]
mar (m) Báltico	**mer** (f) **Baltique**	[mɛr baltik]
mar (m) de Noruega	**mer** (f) **de Norvège**	[mɛr də nɔrvɛʒ]

79. Las montañas

montaña (f)	**montagne** (f)	[mɔ̃taɲ]
cadena (f) de montañas	**chaîne** (f) **de montagnes**	[ʃɛn də mɔ̃taɲ]
cresta (f) de montañas	**crête** (f)	[krɛt]
cima (f)	**sommet** (m)	[sɔmɛ]
pico (m)	**pic** (m)	[pik]
pie (m)	**pied** (m)	[pje]
cuesta (f)	**pente** (f)	[pɑ̃t]
volcán (m)	**volcan** (m)	[vɔlkɑ̃]
volcán (m) activo	**volcan** (m) **actif**	[vɔlkɑn aktif]
volcán (m) apagado	**volcan** (m) **éteint**	[vɔlkɑn etɛ̃]
erupción (f)	**éruption** (f)	[erypsjɔ̃]
cráter (m)	**cratère** (m)	[kratɛr]
magma (f)	**magma** (m)	[magma]
lava (f)	**lave** (f)	[lav]
fundido (lava ~a)	**en fusion**	[ɑ̃ fyzjɔ̃]
cañón (m)	**canyon** (m)	[kanjɔ̃]
desfiladero (m)	**défilé** (m)	[defile]

grieta (f)	**crevasse** (f)	[krəvas]
precipicio (m)	**précipice** (m)	[presipis]
puerto (m) (paso)	**col** (m)	[kɔl]
meseta (f)	**plateau** (m)	[plato]
roca (f)	**rocher** (m)	[rɔʃe]
colina (f)	**colline** (f)	[kɔlin]
glaciar (m)	**glacier** (m)	[glasje]
cascada (f)	**chute** (f) **d'eau**	[ʃyt do]
geiser (m)	**geyser** (m)	[ʒɛzɛr]
lago (m)	**lac** (m)	[lak]
llanura (f)	**plaine** (f)	[plɛn]
paisaje (m)	**paysage** (m)	[peizaʒ]
eco (m)	**écho** (m)	[eko]
alpinista (m)	**alpiniste** (m)	[alpinist]
escalador (m)	**varappeur** (m)	[varapœr]
conquistar (vt)	**conquérir** (vt)	[kõkerir]
ascensión (f)	**ascension** (f)	[asɑ̃sjõ]

80. Los nombres de las montañas

Alpes (m pl)	**Alpes** (f pl)	[alp]
Montblanc (m)	**Mont Blanc** (m)	[mõblɑ̃]
Pirineos (m pl)	**Pyrénées** (f pl)	[pirene]
Cárpatos (m pl)	**Carpates** (f pl)	[karpat]
Urales (m pl)	**Monts Oural** (m pl)	[mõ ural]
Cáucaso (m)	**Caucase** (m)	[kokaz]
Elbrus (m)	**Elbrous** (m)	[ɛlbrys]
Altai (m)	**Altaï** (m)	[altaj]
Tian-Shan (m)	**Tian Chan** (m)	[tjɑ̃ ʃɑ̃]
Pamir (m)	**Pamir** (m)	[pamir]
Himalayos (m pl)	**Himalaya** (m)	[imalaja]
Everest (m)	**Everest** (m)	[evrɛst]
Andes (m pl)	**Andes** (f pl)	[ɑ̃d]
Kilimanjaro (m)	**Kilimandjaro** (m)	[kilimɑ̃dʒaro]

81. Los ríos

río (m)	**rivière** (f), **fleuve** (m)	[rivjɛr], [flœv]
manantial (m)	**source** (f)	[surs]
lecho (m) (curso de agua)	**lit** (m)	[li]
cuenca (f) fluvial	**bassin** (m)	[basɛ̃]

desembocar en ...	**se jeter dans ...**	[sə ʒəte dɑ̃]
afluente (m)	**affluent** (m)	[aflyɑ̃]
ribera (f)	**rive** (f)	[riv]
corriente (f)	**courant** (m)	[kurɑ̃]
río abajo (adv)	**en aval**	[ɑn aval]
río arriba (adv)	**en amont**	[ɑn amɔ̃]
inundación (f)	**inondation** (f)	[inɔ̃dasjɔ̃]
riada (f)	**les grandes crues**	[le grɑ̃d kry]
desbordarse (vr)	**déborder** (vt)	[debɔrde]
inundar (vt)	**inonder** (vt)	[inɔ̃de]
bajo (m) arenoso	**bas-fond** (m)	[bafɔ̃]
rápido (m)	**rapide** (m)	[rapid]
presa (f)	**barrage** (m)	[baraʒ]
canal (m)	**canal** (m)	[kanal]
lago (m) artificiale	**lac** (m) **de barrage**	[lak də baraʒ]
esclusa (f)	**écluse** (f)	[eklyz]
cuerpo (m) de agua	**plan** (m) **d'eau**	[plɑ̃ do]
pantano (m)	**marais** (m)	[marɛ]
ciénaga (m)	**fondrière** (f)	[fɔ̃drijɛr]
remolino (m)	**tourbillon** (m)	[turbijɔ̃]
arroyo (m)	**ruisseau** (m)	[rɥiso]
potable (adj)	**potable** (adj)	[pɔtabl]
dulce (agua ~)	**douce** (adj)	[dus]
hielo (m)	**glace** (f)	[glas]
helarse (el lago, etc.)	**être gelé**	[ɛtr ʒəle]

82. Los nombres de los ríos

Sena (m)	**Seine** (f)	[sɛn]
Loira (m)	**Loire** (f)	[lwar]
Támesis (m)	**Tamise** (f)	[tamiz]
Rin (m)	**Rhin** (m)	[rɛ̃]
Danubio (m)	**Danube** (m)	[danyb]
Volga (m)	**Volga** (f)	[vɔlga]
Don (m)	**Don** (m)	[dɔ̃]
Lena (m)	**Lena** (f)	[lena]
Río (m) Amarillo	**Huang He** (m)	[waŋ e]
Río (m) Azul	**Yangzi Jiang** (m)	[jɑ̃gzijɑ̃g]
Mekong (m)	**Mékong** (m)	[mekɔ̃g]
Ganges (m)	**Gange** (m)	[gɑ̃ʒ]

Nilo (m)	**Nil** (m)	[nil]
Congo (m)	**Congo** (m)	[kɔ̃go]
Okavango (m)	**Okavango** (m)	[ɔkavangɔ]
Zambeze (m)	**Zambèze** (m)	[zɑ̃bɛz]
Limpopo (m)	**Limpopo** (m)	[limpɔpo]
Misisipí (m)	**Mississippi** (m)	[misisipi]

83. El bosque

bosque (m)	**forêt** (f)	[fɔrɛ]
de bosque (adj)	**forestier** (adj)	[fɔrɛstje]
espesura (f)	**fourré** (m)	[fure]
bosquecillo (m)	**bosquet** (m)	[bɔskɛ]
claro (m)	**clairière** (f)	[klɛrjɛr]
maleza (f)	**broussailles** (f pl)	[brusaj]
matorral (m)	**taillis** (m)	[taji]
senda (f)	**sentier** (m)	[sɑ̃tje]
barranco (m)	**ravin** (m)	[ravɛ̃]
árbol (m)	**arbre** (m)	[arbr]
hoja (f)	**feuille** (f)	[fœj]
follaje (m)	**feuillage** (m)	[fœjaʒ]
caída (f) de hojas	**chute** (f) **de feuilles**	[ʃyt də fœj]
caer (las hojas)	**tomber** (vi)	[tɔ̃be]
cima (f)	**sommet** (m)	[sɔmɛ]
rama (f)	**rameau** (m)	[ramo]
rama (f) (gruesa)	**branche** (f)	[brɑ̃ʃ]
brote (m)	**bourgeon** (m)	[burʒɔ̃]
aguja (f)	**aiguille** (f)	[egɥij]
piña (f)	**pomme** (f) **de pin**	[pɔm də pɛ̃]
agujero (m)	**creux** (m)	[krø]
nido (m)	**nid** (m)	[ni]
madriguera (f)	**terrier** (m)	[tɛrje]
tronco (m)	**tronc** (m)	[trɔ̃]
raíz (f)	**racine** (f)	[rasin]
corteza (f)	**écorce** (f)	[ekɔrs]
musgo (m)	**mousse** (f)	[mus]
extirpar (vt)	**déraciner** (vt)	[derasine]
talar (vt)	**abattre** (vt)	[abatr]
deforestar (vt)	**déboiser** (vt)	[debwaze]
tocón (m)	**souche** (f)	[suʃ]
hoguera (f)	**feu** (m) **de bois**	[fø də bwa]

incendio (m)	**incendie** (m)	[ɛ̃sɑ̃di]
apagar (~ el incendio)	**éteindre** (vt)	[etɛ̃dr]
guarda (m) forestal	**garde** (m) **forestier**	[gard fɔrɛstje]
protección (f)	**protection** (f)	[prɔtɛksjɔ̃]
proteger (vt)	**protéger** (vt)	[prɔteʒe]
cazador (m) furtivo	**braconnier** (m)	[brakɔnje]
cepo (m)	**piège** (m) **à mâchoires**	[pjɛʒ ɑ mɑʃwar]
recoger (setas, bayas)	**cueillir** (vt)	[kœjir]
perderse (vr)	**s'égarer** (vp)	[segare]

84. Los recursos naturales

recursos (m pl) naturales	**ressources** (f pl) **naturelles**	[rəsurs natyrɛl]
minerales (m pl)	**minéraux** (m pl)	[minero]
depósitos (m pl)	**gisement** (m)	[ʒizmɑ̃]
yacimiento (m)	**champ** (m)	[ʃɑ̃]
extraer (vt)	**extraire** (vt)	[ɛkstrɛr]
extracción (f)	**extraction** (f)	[ɛkstraksjɔ̃]
mineral (m)	**minerai** (m)	[minrɛ]
mina (f)	**mine** (f)	[min]
pozo (m) de mina	**puits** (m) **de mine**	[pɥi də min]
minero (m)	**mineur** (m)	[minœr]
gas (m)	**gaz** (m)	[gaz]
gasoducto (m)	**gazoduc** (m)	[gazɔdyk]
petróleo (m)	**pétrole** (m)	[petrɔl]
oleoducto (m)	**pipeline** (m)	[piplin]
torre (f) petrolera	**tour** (f) **de forage**	[tur də fɔraʒ]
torre (f) de sondeo	**derrick** (m)	[derik]
petrolero (m)	**pétrolier** (m)	[petrɔlje]
arena (f)	**sable** (m)	[sabl]
caliza (f)	**calcaire** (m)	[kalkɛr]
grava (f)	**gravier** (m)	[gravje]
turba (f)	**tourbe** (f)	[turb]
arcilla (f)	**argile** (f)	[arʒil]
carbón (m)	**charbon** (m)	[ʃarbɔ̃]
hierro (m)	**fer** (m)	[fɛr]
oro (m)	**or** (m)	[ɔr]
plata (f)	**argent** (m)	[arʒɑ̃]
níquel (m)	**nickel** (m)	[nikɛl]
cobre (m)	**cuivre** (m)	[kɥivr]
zinc (m)	**zinc** (m)	[zɛ̃g]
manganeso (m)	**manganèse** (m)	[mɑ̃ganɛz]

mercurio (m)	**mercure** (m)	[mɛrkyr]
plomo (m)	**plomb** (m)	[plɔ̃]
mineral (m)	**minéral** (m)	[mineral]
cristal (m)	**cristal** (m)	[kristal]
mármol (m)	**marbre** (m)	[marbr]
uranio (m)	**uranium** (m)	[yranjɔm]

85. El tiempo

tiempo (m)	**temps** (m)	[tɑ̃]
previsión (m) del tiempo	**météo** (f)	[meteo]
temperatura (f)	**température** (f)	[tɑ̃peratyr]
termómetro (m)	**thermomètre** (m)	[tɛrmɔmɛtr]
barómetro (m)	**baromètre** (m)	[barɔmɛtr]
húmedo (adj)	**humide** (adj)	[ymid]
humedad (f)	**humidité** (f)	[ymidite]
bochorno (m)	**chaleur** (f)	[ʃalœr]
tórrido (adj)	**torride** (adj)	[tɔrid]
hace mucho calor	**il fait très chaud**	[il fɛ trɛ ʃo]
hace calor (templado)	**il fait chaud**	[il fɛʃo]
templado (adj)	**chaud** (adj)	[ʃo]
hace frío	**il fait froid**	[il fɛ frwa]
frío (adj)	**froid** (adj)	[frwa]
sol (m)	**soleil** (m)	[sɔlɛj]
brillar (vi)	**briller** (vi)	[brije]
soleado (un día ~)	**ensoleillé** (adj)	[ɑ̃sɔleje]
elevarse (el sol)	**se lever** (vp)	[sə ləve]
ponerse (vr)	**se coucher** (vp)	[sə kuʃe]
nube (f)	**nuage** (m)	[nɥaʒ]
nuboso (adj)	**nuageux** (adj)	[nɥaʒø]
nubarrón (m)	**nuée** (f)	[nɥe]
nublado (adj)	**sombre** (adj)	[sɔ̃br]
lluvia (f)	**pluie** (f)	[plɥi]
está lloviendo	**il pleut**	[il plø]
lluvioso (adj)	**pluvieux** (adj)	[plyvjø]
lloviznar (vi)	**bruiner** (v imp)	[brɥine]
aguacero (m)	**pluie** (f) **torrentielle**	[plɥi tɔrɑ̃sjɛl]
chaparrón (m)	**averse** (f)	[avɛrs]
fuerte (la lluvia ~)	**forte** (adj)	[fɔrt]
charco (m)	**flaque** (f)	[flak]
mojarse (vr)	**se faire mouiller**	[sə fɛr muje]
niebla (f)	**brouillard** (m)	[brujar]

nebuloso (adj) **brumeux** (adj) [brymø]
nieve (f) **neige** (f) [nɛʒ]
está nevando **il neige** [il nɛʒ]

86. Los eventos climáticos severos. Los desastres naturales

tormenta (f) **orage** (m) [ɔraʒ]
relámpago (m) **éclair** (m) [eklɛr]
relampaguear (vi) **éclater** (vi) [eklate]

trueno (m) **tonnerre** (m) [tɔnɛr]
tronar (vi) **gronder** (vi) [grɔ̃de]
está tronando **le tonnerre gronde** [lə tɔnɛr grɔ̃d]

granizo (m) **grêle** (f) [grɛl]
está granizando **il grêle** [il grɛl]

inundar (vt) **inonder** (vt) [inɔ̃de]
inundación (f) **inondation** (f) [inɔ̃dasjɔ̃]

terremoto (m) **tremblement** (m) **de terre** [trɑ̃bləmɑ̃ də tɛr]
sacudida (f) **secousse** (f) [səkus]
epicentro (m) **épicentre** (m) [episɑ̃tr]

erupción (f) **éruption** (f) [erypsjɔ̃]
lava (f) **lave** (f) [lav]

torbellino (m) **tourbillon** (m) [turbijɔ̃]
tornado (m) **tornade** (f) [tɔrnad]
tifón (m) **typhon** (m) [tifɔ̃]

huracán (m) **ouragan** (m) [uragɑ̃]
tempestad (f) **tempête** (f) [tɑ̃pɛt]
tsunami (m) **tsunami** (m) [tsynami]

ciclón (m) **cyclone** (m) [siklon]
mal tiempo (m) **intempéries** (f pl) [ɛ̃tɑ̃peri]
incendio (m) **incendie** (m) [ɛ̃sɑ̃di]
catástrofe (f) **catastrophe** (f) [katastrɔf]
meteorito (m) **météorite** (m) [meteɔrit]

avalancha (f) **avalanche** (f) [avalɑ̃ʃ]
alud (m) de nieve **éboulement** (m) [ebulmɑ̃]
ventisca (f) **blizzard** (m) [blizar]
nevasca (f) **tempête** (f) **de neige** [tɑ̃pɛt də nɛʒ]

LA FAUNA

T&P Books Publishing

87. Los mamíferos. Los predadores

carnívoro (m)	**prédateur** (m)	[predatœr]
tigre (m)	**tigre** (m)	[tigr]
león (m)	**lion** (m)	[ljɔ̃]
lobo (m)	**loup** (m)	[lu]
zorro (m)	**renard** (m)	[rənar]
jaguar (m)	**jaguar** (m)	[ʒagwar]
leopardo (m)	**léopard** (m)	[leɔpar]
guepardo (m)	**guépard** (m)	[gepar]
pantera (f)	**panthère** (f)	[pɑ̃tɛr]
puma (f)	**puma** (m)	[pyma]
leopardo (m) de las nieves	**léopard** (m) **de neiges**	[leɔpar də nɛʒ]
lince (m)	**lynx** (m)	[lɛ̃ks]
coyote (m)	**coyote** (m)	[kɔjɔt]
chacal (m)	**chacal** (m)	[ʃakal]
hiena (f)	**hyène** (f)	[jɛn]

88. Los animales salvajes

animal (m)	**animal** (m)	[animal]
bestia (f)	**bête** (f)	[bɛt]
ardilla (f)	**écureuil** (m)	[ekyrœj]
erizo (m)	**hérisson** (m)	[erisɔ̃]
liebre (f)	**lièvre** (m)	[ljɛvr]
conejo (m)	**lapin** (m)	[lapɛ̃]
tejón (m)	**blaireau** (m)	[blɛro]
mapache (m)	**raton** (m)	[ratɔ̃]
hámster (m)	**hamster** (m)	[amstɛr]
marmota (f)	**marmotte** (f)	[marmɔt]
topo (m)	**taupe** (f)	[top]
ratón (m)	**souris** (f)	[suri]
rata (f)	**rat** (m)	[ra]
murciélago (m)	**chauve-souris** (f)	[ʃovsuri]
armiño (m)	**hermine** (f)	[ɛrmin]
cebellina (f)	**zibeline** (f)	[ziblin]
marta (f)	**martre** (f)	[martr]

comadreja (f)	**belette** (f)	[bəlɛt]
visón (m)	**vison** (m)	[vizɔ̃]
castor (m)	**castor** (m)	[kastɔr]
nutria (f)	**loutre** (f)	[lutr]
caballo (m)	**cheval** (m)	[ʃəval]
alce (m)	**élan** (m)	[elɑ̃]
ciervo (m)	**cerf** (m)	[sɛr]
camello (m)	**chameau** (m)	[ʃamo]
bisonte (m)	**bison** (m)	[bizɔ̃]
uro (m)	**aurochs** (m)	[orɔk]
búfalo (m)	**buffle** (m)	[byfl]
cebra (f)	**zèbre** (m)	[zɛbr]
antílope (m)	**antilope** (f)	[ɑ̃tilɔp]
corzo (m)	**chevreuil** (m)	[ʃəvrœj]
gamo (m)	**biche** (f)	[biʃ]
gamuza (f)	**chamois** (m)	[ʃamwa]
jabalí (m)	**sanglier** (m)	[sɑ̃glije]
ballena (f)	**baleine** (f)	[balɛn]
foca (f)	**phoque** (m)	[fɔk]
morsa (f)	**morse** (m)	[mɔrs]
oso (m) marino	**ours** (m) **de mer**	[urs də mɛr]
delfín (m)	**dauphin** (m)	[dofɛ̃]
oso (m)	**ours** (m)	[urs]
oso (m) blanco	**ours** (m) **blanc**	[urs blɑ̃]
panda (f)	**panda** (m)	[pɑ̃da]
mono (m)	**singe** (m)	[sɛ̃ʒ]
chimpancé (m)	**chimpanzé** (m)	[ʃɛ̃pɑ̃ze]
orangután (m)	**orang-outang** (m)	[ɔrɑ̃utɑ̃]
gorila (m)	**gorille** (m)	[gɔrij]
macaco (m)	**macaque** (m)	[makak]
gibón (m)	**gibbon** (m)	[ʒibɔ̃]
elefante (m)	**éléphant** (m)	[elefɑ̃]
rinoceronte (m)	**rhinocéros** (m)	[rinɔserɔs]
jirafa (f)	**girafe** (f)	[ʒiraf]
hipopótamo (m)	**hippopotame** (m)	[ipɔpɔtam]
canguro (m)	**kangourou** (m)	[kɑ̃guru]
koala (f)	**koala** (m)	[kɔala]
mangosta (f)	**mangouste** (f)	[mɑ̃gust]
chinchilla (f)	**chinchilla** (m)	[ʃɛ̃ʃila]
mofeta (f)	**mouffette** (f)	[mufɛt]
espín (m)	**porc-épic** (m)	[pɔrkepik]

89. Los animales domésticos

gata (f)	**chat** (m)	[ʃa]
gato (m)	**chat** (m)	[ʃa]
perro (m)	**chien** (m)	[ʃjɛ̃]
caballo (m)	**cheval** (m)	[ʃəval]
garañón (m)	**étalon** (m)	[etalɔ̃]
yegua (f)	**jument** (f)	[ʒymɑ̃]
vaca (f)	**vache** (f)	[vaʃ]
toro (m)	**taureau** (m)	[tɔro]
buey (m)	**bœuf** (m)	[bœf]
oveja (f)	**brebis** (f)	[brəbi]
carnero (m)	**mouton** (m)	[mutɔ̃]
cabra (f)	**chèvre** (f)	[ʃɛvr]
cabrón (m)	**bouc** (m)	[buk]
asno (m)	**âne** (m)	[ɑn]
mulo (m)	**mulet** (m)	[mylɛ]
cerdo (m)	**cochon** (m)	[kɔʃɔ̃]
cerdito (m)	**pourceau** (m)	[purso]
conejo (m)	**lapin** (m)	[lapɛ̃]
gallina (f)	**poule** (f)	[pul]
gallo (m)	**coq** (m)	[kɔk]
pato (m)	**canard** (m)	[kanar]
ánade (m)	**canard** (m) **mâle**	[kanar mal]
ganso (m)	**oie** (f)	[wa]
pavo (m)	**dindon** (m)	[dɛ̃dɔ̃]
pava (f)	**dinde** (f)	[dɛ̃d]
animales (m pl) domésticos	**animaux** (m pl) **domestiques**	[animo dɔmɛstik]
domesticado (adj)	**apprivoisé** (adj)	[aprivwaze]
domesticar (vt)	**apprivoiser** (vt)	[aprivwaze]
criar (vt)	**élever** (vt)	[elve]
granja (f)	**ferme** (f)	[fɛrm]
aves (f pl) de corral	**volaille** (f)	[vɔlaj]
ganado (m)	**bétail** (m)	[betaj]
rebaño (m)	**troupeau** (m)	[trupo]
caballeriza (f)	**écurie** (f)	[ekyri]
porqueriza (f)	**porcherie** (f)	[pɔrʃəri]
vaquería (f)	**vacherie** (f)	[vaʃri]
conejal (m)	**cabane** (f) **à lapins**	[kaban ɑ lapɛ̃]
gallinero (m)	**poulailler** (m)	[pulaje]

90. Los pájaros

pájaro (m)	**oiseau** (m)	[wazo]
paloma (f)	**pigeon** (m)	[piʒɔ̃]
gorrión (m)	**moineau** (m)	[mwano]
paro (m)	**mésange** (f)	[mezɑ̃ʒ]
cotorra (f)	**pie** (f)	[pi]
cuervo (m)	**corbeau** (m)	[kɔrbo]
corneja (f)	**corneille** (f)	[kɔrnɛj]
chova (f)	**choucas** (m)	[ʃuka]
grajo (m)	**freux** (m)	[frø]
pato (m)	**canard** (m)	[kanar]
ganso (m)	**oie** (f)	[wa]
faisán (m)	**faisan** (m)	[fəzɑ̃]
águila (f)	**aigle** (m)	[ɛgl]
azor (m)	**épervier** (m)	[epɛrvje]
halcón (m)	**faucon** (m)	[fokɔ̃]
buitre (m)	**vautour** (m)	[votur]
cóndor (m)	**condor** (m)	[kɔ̃dɔr]
cisne (m)	**cygne** (m)	[siɲ]
grulla (f)	**grue** (f)	[gry]
cigüeña (f)	**cigogne** (f)	[sigɔɲ]
loro (m), papagayo (m)	**perroquet** (m)	[perɔkɛ]
colibrí (m)	**colibri** (m)	[kɔlibri]
pavo (m) real	**paon** (m)	[pɑ̃]
avestruz (m)	**autruche** (f)	[otryʃ]
garza (f)	**héron** (m)	[erɔ̃]
flamenco (m)	**flamant** (m)	[flamɑ̃]
pelícano (m)	**pélican** (m)	[pelikɑ̃]
ruiseñor (m)	**rossignol** (m)	[rɔsiɲɔl]
golondrina (f)	**hirondelle** (f)	[irɔ̃dɛl]
tordo (m)	**merle** (m)	[mɛrl]
zorzal (m)	**grive** (f)	[griv]
mirlo (m)	**merle** (m) **noir**	[mɛrl nwar]
vencejo (m)	**martinet** (m)	[martinɛ]
alondra (f)	**alouette** (f) **des champs**	[alwɛt de ʃɑ̃]
codorniz (f)	**caille** (f)	[kaj]
pico (m)	**pivert** (m)	[pivɛr]
cuco (m)	**coucou** (m)	[kuku]
lechuza (f)	**chouette** (f)	[ʃwɛt]
búho (m)	**hibou** (m)	[ibu]

urogallo (m)	**tétras** (m)	[tetra]
gallo lira (m)	**tétras-lyre** (m)	[tetralir]
perdiz (f)	**perdrix** (f)	[pɛrdri]
estornino (m)	**étourneau** (m)	[eturno]
canario (m)	**canari** (m)	[kanari]
ortega (f)	**gélinotte** (f) **des bois**	[ʒelinɔt də bwa]
pinzón (m)	**pinson** (m)	[pɛ̃sɔ̃]
camachuelo (m)	**bouvreuil** (m)	[buvrœj]
gaviota (f)	**mouette** (f)	[mwɛt]
albatros (m)	**albatros** (m)	[albatros]
pingüino (m)	**pingouin** (m)	[pɛ̃gwɛ̃]

91. Los peces. Los animales marinos

brema (f)	**brème** (f)	[brɛm]
carpa (f)	**carpe** (f)	[karp]
perca (f)	**perche** (f)	[pɛrʃ]
siluro (m)	**silure** (m)	[silyr]
lucio (m)	**brochet** (m)	[brɔʃɛ]
salmón (m)	**saumon** (m)	[somɔ̃]
esturión (m)	**esturgeon** (m)	[ɛstyrʒɔ̃]
arenque (m)	**hareng** (m)	[arɑ̃]
salmón (m) del Atlántico	**saumon** (m) **atlantique**	[somɔ̃ atlɑ̃tik]
caballa (f)	**maquereau** (m)	[makro]
lenguado (m)	**flet** (m)	[flɛ]
lucioperca (m)	**sandre** (f)	[sɑ̃dr]
bacalao (m)	**morue** (f)	[mɔry]
atún (m)	**thon** (m)	[tɔ̃]
trucha (f)	**truite** (f)	[trɥit]
anguila (f)	**anguille** (f)	[ɑ̃gij]
tembladera (f)	**torpille** (f)	[tɔrpij]
morena (f)	**murène** (f)	[myrɛn]
piraña (f)	**piranha** (m)	[piraɲa]
tiburón (m)	**requin** (m)	[rəkɛ̃]
delfín (m)	**dauphin** (m)	[dofɛ̃]
ballena (f)	**baleine** (f)	[balɛn]
centolla (f)	**crabe** (m)	[krab]
medusa (f)	**méduse** (f)	[medyz]
pulpo (m)	**pieuvre** (f), **poulpe** (m)	[pjœvr], [pulp]
estrella (f) de mar	**étoile** (f) **de mer**	[etwal də mɛr]
erizo (m) de mar	**oursin** (m)	[ursɛ̃]

caballito (m) de mar **hippocampe** (m) [ipɔkɑ̃p]
ostra (f) **huître** (f) [ɥitr]
camarón (m) **crevette** (f) [krəvɛt]
bogavante (m) **homard** (m) [ɔmar]
langosta (f) **langoustine** (f) [lɑ̃gustin]

92. Los anfibios. Los reptiles

serpiente (f) **serpent** (m) [sɛrpɑ̃]
venenoso (adj) **venimeux** (adj) [vənimø]

víbora (f) **vipère** (f) [vipɛr]
cobra (f) **cobra** (m) [kɔbra]
pitón (m) **python** (m) [pitɔ̃]
boa (f) **boa** (m) [bɔa]

culebra (f) **couleuvre** (f) [kulœvr]
serpiente (m) de cascabel **serpent** (m) **à sonnettes** [sɛrpɑ̃ ɑ sɔnɛt]
anaconda (f) **anaconda** (m) [anakɔ̃da]

lagarto (f) **lézard** (m) [lezar]
iguana (f) **iguane** (m) [igwan]
varano (m) **varan** (m) [varɑ̃]
salamandra (f) **salamandre** (f) [salamɑ̃dr]
camaleón (m) **caméléon** (m) [kameleɔ̃]
escorpión (m) **scorpion** (m) [skɔrpjɔ̃]

tortuga (f) **tortue** (f) [tɔrty]
rana (f) **grenouille** (f) [grənuj]
sapo (m) **crapaud** (m) [krapo]
cocodrilo (m) **crocodile** (m) [krɔkɔdil]

93. Los insectos

insecto (m) **insecte** (m) [ɛ̃sɛkt]
mariposa (f) **papillon** (m) [papijɔ̃]
hormiga (f) **fourmi** (f) [furmi]
mosca (f) **mouche** (f) [muʃ]
mosquito (m) (picadura de ~) **moustique** (m) [mustik]
escarabajo (m) **scarabée** (m) [skarabe]

avispa (f) **guêpe** (f) [gɛp]
abeja (f) **abeille** (f) [abɛj]
abejorro (m) **bourdon** (m) [burdɔ̃]
moscardón (m) **œstre** (m) [ɛstr]
araña (f) **araignée** (f) [areɲe]
telaraña (f) **toile** (f) **d'araignée** [twal dareɲe]

libélula (f)	**libellule** (f)	[libelyl]
saltamontes (m)	**sauterelle** (f)	[sotrɛl]
mariposa (f) nocturna	**papillon** (m)	[papijɔ̃]
cucaracha (f)	**cafard** (m)	[kafar]
garrapata (f)	**tique** (f)	[tik]
pulga (f)	**puce** (f)	[pys]
mosca (f) negra	**moucheron** (m)	[muʃrɔ̃]
langosta (f)	**criquet** (m)	[krikɛ]
caracol (m)	**escargot** (m)	[ɛskargo]
grillo (m)	**grillon** (m)	[grijɔ̃]
luciérnaga (f)	**luciole** (f)	[lysjɔl]
mariquita (f)	**coccinelle** (f)	[kɔksinɛl]
escarabajo (m) sanjuanero	**hanneton** (m)	[antɔ̃]
sanguijuela (f)	**sangsue** (f)	[sɑ̃sy]
oruga (f)	**chenille** (f)	[ʃənij]
gusano (m)	**ver** (m)	[vɛr]
larva (f)	**larve** (f)	[larv]

LA FLORA

T&P Books Publishing

94. Los árboles

árbol (m)	**arbre** (m)	[arbr]
foliáceo (adj)	**à feuilles caduques**	[ɑ fœj kadyk]
conífero (adj)	**conifère** (adj)	[kɔnifɛr]
de hoja perenne	**à feuilles persistantes**	[a fœj pɛrsistɑ̃t]
manzano (m)	**pommier** (m)	[pɔmje]
peral (m)	**poirier** (m)	[pwarje]
cerezo (m)	**merisier** (m)	[mərizje]
guindo (m)	**cerisier** (m)	[sərizje]
ciruelo (m)	**prunier** (m)	[prynje]
abedul (m)	**bouleau** (m)	[bulo]
roble (m)	**chêne** (m)	[ʃɛn]
tilo (m)	**tilleul** (m)	[tijœl]
pobo (m)	**tremble** (m)	[trɑ̃bl]
arce (m)	**érable** (m)	[erabl]
picea (m)	**épicéa** (m)	[episea]
pino (m)	**pin** (m)	[pɛ̃]
alerce (m)	**mélèze** (m)	[melɛz]
abeto (m)	**sapin** (m)	[sapɛ̃]
cedro (m)	**cèdre** (m)	[sɛdr]
álamo (m)	**peuplier** (m)	[pøplije]
serbal (m)	**sorbier** (m)	[sɔrbje]
sauce (m)	**saule** (m)	[sol]
aliso (m)	**aune** (m)	[on]
haya (f)	**hêtre** (m)	[ɛtr]
olmo (m)	**orme** (m)	[ɔrm]
fresno (m)	**frêne** (m)	[frɛn]
castaño (m)	**marronnier** (m)	[marɔnje]
magnolia (f)	**magnolia** (m)	[maɲɔlja]
palmera (f)	**palmier** (m)	[palmje]
ciprés (m)	**cyprès** (m)	[siprɛ]
mangle (m)	**palétuvier** (m)	[paletyvje]
baobab (m)	**baobab** (m)	[baɔbab]
eucalipto (m)	**eucalyptus** (m)	[økaliptys]
secoya (f)	**séquoia** (m)	[sekɔja]

95. Los arbustos

mata (f)	**buisson** (m)	[bɥisɔ̃]
arbusto (m)	**arbrisseau** (m)	[arbriso]
vid (f)	**vigne** (f)	[viɲ]
viñedo (m)	**vigne** (f)	[viɲ]
frambueso (m)	**framboise** (f)	[frɑ̃bwaz]
grosella (f) negra	**cassis** (m)	[kasis]
grosellero (f) rojo	**groseille** (f) **rouge**	[grozɛj ruʒ]
grosellero (m) espinoso	**groseille** (f) **verte**	[grozɛj vɛrt]
acacia (f)	**acacia** (m)	[akasja]
berberís (m)	**berbéris** (m)	[bɛrberis]
jazmín (m)	**jasmin** (m)	[ʒasmɛ̃]
enebro (m)	**genévrier** (m)	[ʒənevrije]
rosal (m)	**rosier** (m)	[rozje]
escaramujo (m)	**églantier** (m)	[eglɑ̃tje]

96. Las frutas. Las bayas

fruto (m)	**fruit** (m)	[frɥi]
frutos (m pl)	**fruits** (m pl)	[frɥi]
manzana (f)	**pomme** (f)	[pɔm]
pera (f)	**poire** (f)	[pwar]
ciruela (f)	**prune** (f)	[pryn]
fresa (f)	**fraise** (f)	[frɛz]
guinda (f)	**cerise** (f)	[səriz]
cereza (f)	**merise** (f)	[məriz]
uva (f)	**raisin** (m)	[rɛzɛ̃]
frambuesa (f)	**framboise** (f)	[frɑ̃bwaz]
grosella (f) negra	**cassis** (m)	[kasis]
grosella (f) roja	**groseille** (f) **rouge**	[grozɛj ruʒ]
grosella (f) espinosa	**groseille** (f) **verte**	[grozɛj vɛrt]
arándano (m) agrio	**canneberge** (f)	[kanbɛrʒ]
naranja (f)	**orange** (f)	[ɔrɑ̃ʒ]
mandarina (f)	**mandarine** (f)	[mɑ̃darin]
ananás (m)	**ananas** (m)	[anana]
banana (f)	**banane** (f)	[banan]
dátil (m)	**datte** (f)	[dat]
limón (m)	**citron** (m)	[sitrɔ̃]
albaricoque (m)	**abricot** (m)	[abriko]
melocotón (m)	**pêche** (f)	[pɛʃ]

kiwi (m)	**kiwi** (m)	[kiwi]
pomelo (m)	**pamplemousse** (m)	[pɑ̃pləmus]
baya (f)	**baie** (f)	[bɛ]
bayas (f pl)	**baies** (f pl)	[bɛ]
arándano (m) rojo	**airelle** (f) **rouge**	[ɛrɛl ruʒ]
fresa (f) silvestre	**fraise** (f) **des bois**	[frɛz de bwa]
arándano (m)	**myrtille** (f)	[mirtij]

97. Las flores. Las plantas

flor (f)	**fleur** (f)	[flœr]
ramo (m) de flores	**bouquet** (m)	[bukɛ]
rosa (f)	**rose** (f)	[roz]
tulipán (m)	**tulipe** (f)	[tylip]
clavel (m)	**oeillet** (m)	[œjɛ]
gladiolo (m)	**glaïeul** (m)	[glajœl]
aciano (m)	**bleuet** (m)	[bløɛ]
campanilla (f)	**campanule** (f)	[kɑ̃panyl]
diente (m) de león	**dent-de-lion** (f)	[dɑ̃dəljɔ̃]
manzanilla (f)	**marguerite** (f)	[margərit]
áloe (m)	**aloès** (m)	[alɔɛs]
cacto (m)	**cactus** (m)	[kaktys]
ficus (m)	**ficus** (m)	[fikys]
azucena (f)	**lis** (m)	[li]
geranio (m)	**géranium** (m)	[ʒeranjɔm]
jacinto (m)	**jacinthe** (f)	[ʒasɛ̃t]
mimosa (f)	**mimosa** (m)	[mimɔza]
narciso (m)	**jonquille** (f)	[ʒɔ̃kij]
capuchina (f)	**capucine** (f)	[kapysin]
orquídea (f)	**orchidée** (f)	[ɔrkide]
peonía (f)	**pivoine** (f)	[pivwan]
violeta (f)	**violette** (f)	[vjɔlɛt]
trinitaria (f)	**pensée** (f)	[pɑ̃se]
nomeolvides (f)	**myosotis** (m)	[mjɔzɔtis]
margarita (f)	**pâquerette** (f)	[pɑkrɛt]
amapola (f)	**coquelicot** (m)	[kɔkliko]
cáñamo (m)	**chanvre** (m)	[ʃɑ̃vr]
menta (f)	**menthe** (f)	[mɑ̃t]
muguete (m)	**muguet** (m)	[mygɛ]
campanilla (f) de las nieves	**perce-neige** (f)	[pɛrsənɛʒ]

ortiga (f)	**ortie** (f)	[ɔrti]
acedera (f)	**oseille** (f)	[ozɛj]
nenúfar (m)	**nénuphar** (m)	[nenyfar]
helecho (m)	**fougère** (f)	[fuʒɛr]
liquen (m)	**lichen** (m)	[likɛn]
invernadero (m) tropical	**serre** (f) **tropicale**	[sɛr trɔpikal]
césped (m)	**gazon** (m)	[gazɔ̃]
macizo (m) de flores	**parterre** (m) **de fleurs**	[partɛr də flœr]
planta (f)	**plante** (f)	[plɑ̃t]
hierba (f)	**herbe** (f)	[ɛrb]
hoja (f) de hierba	**brin** (m) **d'herbe**	[brɛ̃ dɛrb]
hoja (f)	**feuille** (f)	[fœj]
pétalo (m)	**pétale** (m)	[petal]
tallo (m)	**tige** (f)	[tiʒ]
tubérculo (m)	**tubercule** (m)	[tybɛrkyl]
retoño (m)	**pousse** (f)	[pus]
espina (f)	**épine** (f)	[epin]
florecer (vi)	**fleurir** (vi)	[flœrir]
marchitarse (vr)	**se faner** (vp)	[sə fane]
olor (m)	**odeur** (f)	[ɔdœr]
cortar (vt)	**couper** (vt)	[kupe]
coger (una flor)	**cueillir** (vt)	[kœjir]

98. Los cereales, los granos

grano (m)	**grains** (m pl)	[grɛ̃]
cereales (m pl) (plantas)	**céréales** (f pl)	[sereal]
espiga (f)	**épi** (m)	[epi]
trigo (m)	**blé** (m)	[ble]
centeno (m)	**seigle** (m)	[sɛgl]
avena (f)	**avoine** (f)	[avwan]
mijo (m)	**millet** (m)	[mijɛ]
cebada (f)	**orge** (f)	[ɔrʒ]
maíz (m)	**maïs** (m)	[mais]
arroz (m)	**riz** (m)	[ri]
alforfón (m)	**sarrasin** (m)	[sarazɛ̃]
guisante (m)	**pois** (m)	[pwa]
fréjol (m)	**haricot** (m)	[ariko]
soya (f)	**soja** (m)	[sɔʒa]
lenteja (f)	**lentille** (f)	[lɑ̃tij]

LOS PAÍSES

T&P Books Publishing

99. Los países. Unidad 1

Afganistán (m)	**Afghanistan** (m)	[afganistɑ̃]
Albania (f)	**Albanie** (f)	[albani]
Alemania (f)	**Allemagne** (f)	[almaɲ]
Arabia (f) Saudita	**Arabie** (f) **Saoudite**	[arabi saudit]
Argentina (f)	**Argentine** (f)	[arʒɑ̃tin]
Armenia (f)	**Arménie** (f)	[armeni]
Australia (f)	**Australie** (f)	[ostrali]
Austria (f)	**Autriche** (f)	[otriʃ]
Azerbaidzhán (m)	**Azerbaïdjan** (m)	[azɛrbajdʒɑ̃]
Bangladesh (m)	**Bangladesh** (m)	[bɑ̃gladɛʃ]
Bélgica (f)	**Belgique** (f)	[bɛlʒik]
Bielorrusia (f)	**Biélorussie** (f)	[bjelɔrysi]
Bolivia (f)	**Bolivie** (f)	[bɔlivi]
Bosnia y Herzegovina	**Bosnie** (f)	[bɔsni]
Brasil (f)	**Brésil** (m)	[brezil]
Bulgaria (f)	**Bulgarie** (f)	[bylgari]
Camboya (f)	**Cambodge** (m)	[kɑ̃bɔdʒ]
Canadá (f)	**Canada** (m)	[kanada]
Chequia (f)	**République** (f) **Tchèque**	[repyblik tʃɛk]
Chile (m)	**Chili** (m)	[ʃili]
China (f)	**Chine** (f)	[ʃin]
Chipre (m)	**Chypre** (m)	[ʃipr]
Colombia (f)	**Colombie** (f)	[kɔlɔ̃bi]
Corea (f) del Norte	**Corée** (f) **du Nord**	[kɔre dy nɔr]
Corea (f) del Sur	**Corée** (f) **du Sud**	[kɔre dy syd]
Croacia (f)	**Croatie** (f)	[krɔasi]
Cuba (f)	**Cuba** (f)	[kyba]
Dinamarca (f)	**Danemark** (m)	[danmark]
Ecuador (m)	**Équateur** (m)	[ekwatœr]
Egipto (m)	**Égypte** (f)	[eʒipt]
Emiratos (m pl) Árabes Unidos	**Fédération** (f) **des Émirats Arabes Unis**	[federasjɔ̃ dezemira arabzyni]
Escocia (f)	**Écosse** (f)	[ekɔs]
Eslovaquia (f)	**Slovaquie** (f)	[slɔvaki]
Eslovenia	**Slovénie** (f)	[slɔveni]
España (f)	**Espagne** (f)	[ɛspaɲ]
Estados Unidos de América (m pl)	**les États Unis**	[lezeta zyni]
Estonia (f)	**Estonie** (f)	[ɛstɔni]
Finlandia (f)	**Finlande** (f)	[fɛ̃lɑ̃d]
Francia (f)	**France** (f)	[frɑ̃s]

100. Los países. Unidad 2

Georgia (f)	**Géorgie** (f)	[ʒeɔrʒi]
Ghana (f)	**Ghana** (m)	[gana]
Gran Bretaña (f)	**Grande-Bretagne** (f)	[grɑ̃dbrətaɲ]
Grecia (f)	**Grèce** (f)	[grɛs]
Haití (m)	**Haïti** (m)	[aiti]
Hungría (f)	**Hongrie** (f)	[ɔ̃gri]
India (f)	**Inde** (f)	[ɛ̃d]
Indonesia (f)	**Indonésie** (f)	[ɛ̃dɔnezi]
Inglaterra (f)	**Angleterre** (f)	[ɑ̃glətɛr]
Irak (m)	**Iraq** (m)	[irak]
Irán (m)	**Iran** (m)	[irɑ̃]
Irlanda (f)	**Irlande** (f)	[irlɑ̃d]
Islandia (f)	**Islande** (f)	[islɑ̃d]
Islas (f pl) Bahamas	**Bahamas** (f pl)	[baamas]
Israel (m)	**Israël** (m)	[israɛl]
Italia (f)	**Italie** (f)	[itali]
Jamaica (f)	**Jamaïque** (f)	[ʒamaik]
Japón (m)	**Japon** (m)	[ʒapɔ̃]
Jordania (f)	**Jordanie** (f)	[ʒɔrdani]
Kazajstán (m)	**Kazakhstan** (m)	[kazakstɑ̃]
Kenia (f)	**Kenya** (m)	[kenja]
Kirguizistán (m)	**Kirghizistan** (m)	[kirgizistɑ̃]
Kuwait (m)	**Koweït** (m)	[kɔwɛjt]
Laos (m)	**Laos** (m)	[laos]
Letonia (f)	**Lettonie** (f)	[lɛtɔni]
Líbano (m)	**Liban** (m)	[libɑ̃]
Libia (f)	**Libye** (f)	[libi]
Liechtenstein (m)	**Liechtenstein** (m)	[liʃtɛnʃtajn]
Lituania (f)	**Lituanie** (f)	[litɥani]
Luxemburgo (m)	**Luxembourg** (m)	[lyksɑ̃bur]
Macedonia	**Macédoine** (f)	[masedwan]
Madagascar (m)	**Madagascar** (f)	[madagaskar]
Malasia (f)	**Malaisie** (f)	[malɛzi]
Malta (f)	**Malte** (f)	[malt]
Marruecos (m)	**Maroc** (m)	[marɔk]
Méjico (m)	**Mexique** (m)	[mɛksik]
Moldavia (f)	**Moldavie** (f)	[mɔldavi]
Mónaco (m)	**Monaco** (m)	[mɔnako]
Mongolia (f)	**Mongolie** (f)	[mɔ̃gɔli]
Montenegro (m)	**Monténégro** (m)	[mɔ̃tenegro]
Myanmar (m)	**Myanmar** (m)	[mjanmar]

101. Los países. Unidad 3

Namibia (f)	**Namibie** (f)	[namibi]
Nepal (m)	**Népal** (m)	[nepal]
Noruega (f)	**Norvège** (f)	[nɔrvɛʒ]
Nueva Zelanda (f)	**Nouvelle Zélande** (f)	[nuvɛl zelɑ̃d]
Países Bajos (m pl)	**Pays-Bas** (m)	[peiba]
Pakistán (m)	**Pakistan** (m)	[pakistɑ̃]
Palestina (f)	**Palestine** (f)	[palɛstin]
Panamá (f)	**Panamá** (m)	[panama]
Paraguay (m)	**Paraguay** (m)	[paragwɛ]
Perú (m)	**Pérou** (m)	[peru]
Polinesia (f) Francesa	**Polynésie** (f) **Française**	[pɔlinezi frɑ̃sɛz]
Polonia (f)	**Pologne** (f)	[pɔlɔɲ]
Portugal (f)	**Portugal** (m)	[pɔrtygal]
República (f) Dominicana	**République** (f) **Dominicaine**	[repyblik dɔminikɛn]
República (f) Sudafricana	**République** (f) **Sud-africaine**	[repyblik sydafrikɛn]
Rumania (f)	**Roumanie** (f)	[rumani]
Rusia (f)	**Russie** (f)	[rysi]
Senegal	**Sénégal** (m)	[senegal]
Serbia (f)	**Serbie** (f)	[sɛrbi]
Siria (f)	**Syrie** (f)	[siri]
Suecia (f)	**Suède** (f)	[sɥɛd]
Suiza (f)	**Suisse** (f)	[sɥis]
Surinam (m)	**Surinam** (m)	[syrinam]
Tayikistán (m)	**Tadjikistan** (m)	[tadʒikistɑ̃]
Tailandia (f)	**Thaïlande** (f)	[tajlɑ̃d]
Taiwán (m)	**Taïwan** (m)	[tajwan]
Tanzania (f)	**Tanzanie** (f)	[tɑ̃zani]
Tasmania (f)	**Tasmanie** (f)	[tasmani]
Túnez (m)	**Tunisie** (f)	[tynizi]
Turkmenia (f)	**Turkménistan** (m)	[tyrkmenistɑ̃]
Turquía (f)	**Turquie** (f)	[tyrki]
Ucrania (f)	**Ukraine** (f)	[ykrɛn]
Uruguay (m)	**Uruguay** (m)	[yrygwɛ]
Uzbekistán (m)	**Ouzbékistan** (m)	[uzbekistɑ̃]
Vaticano (m)	**Vatican** (m)	[vatikɑ̃]
Venezuela (f)	**Venezuela** (f)	[venezɥela]
Vietnam (m)	**Vietnam** (m)	[vjɛtnam]
Zanzíbar (m)	**Zanzibar** (m)	[zɑ̃zibar]

GLOSARIO GASTRONÓMICO

Esta sección contiene una gran cantidad de palabras y términos asociados con la comida. Este diccionario le hará más fácil la comprensión del menú de un restaurante y la elección del plato adecuado

T&P Books Publishing

Español-Francés glosario gastronómico

¡Que aproveche!	**Bon appétit!**	[bɔn apeti]
abrebotellas (m)	**ouvre-bouteille** (m)	[uvrəbutɛj]
abrelatas (m)	**ouvre-boîte** (m)	[uvrəbwat]
aceite (m) de girasol	**huile** (f) **de tournesol**	[ɥil də turnəsɔl]
aceite (m) de oliva	**huile** (f) **d'olive**	[ɥil dɔliv]
aceite (m) vegetal	**huile** (f) **végétale**	[ɥil veʒetal]
agua (f)	**eau** (f)	[o]
agua (f) mineral	**eau** (f) **minérale**	[o mineral]
agua (f) potable	**eau** (f) **potable**	[o pɔtabl]
aguacate (m)	**avocat** (m)	[avɔka]
ahumado (adj)	**fumé** (adj)	[fyme]
ajo (m)	**ail** (m)	[aj]
albahaca (f)	**basilic** (m)	[bazilik]
albaricoque (m)	**abricot** (m)	[abriko]
alcachofa (f)	**artichaut** (m)	[artiʃo]
alforfón (m)	**sarrasin** (m)	[sarazɛ̃]
almendra (f)	**amande** (f)	[amɑ̃d]
almuerzo (m)	**déjeuner** (m)	[deʒœne]
amargo (adj)	**amer** (adj)	[amɛr]
anís (m)	**anis** (m)	[ani(s)]
ananás (m)	**ananas** (m)	[anana]
anguila (f)	**anguille** (f)	[ɑ̃gij]
aperitivo (m)	**apéritif** (m)	[aperitif]
apetito (m)	**appétit** (m)	[apeti]
apio (m)	**céleri** (m)	[sɛlri]
arándano (m)	**myrtille** (f)	[mirtij]
arándano (m) agrio	**canneberge** (f)	[kanbɛrʒ]
arándano (m) rojo	**airelle** (f) **rouge**	[ɛrɛl ruʒ]
arenque (m)	**hareng** (m)	[arɑ̃]
arroz (m)	**riz** (m)	[ri]
atún (m)	**thon** (m)	[tɔ̃]
avellana (f)	**noisette** (f)	[nwazɛt]
avena (f)	**avoine** (f)	[avwan]
azúcar (m)	**sucre** (m)	[sykr]
azafrán (m)	**safran** (m)	[safrɑ̃]
azucarado, dulce (adj)	**sucré** (adj)	[sykre]
bacalao (m)	**morue** (f)	[mɔry]
banana (f)	**banane** (f)	[banan]
bar (m)	**bar** (m)	[bar]
barman (m)	**barman** (m)	[barman]
batido (m)	**cocktail** (m) **au lait**	[kɔktɛl o lɛ]
baya (f)	**baie** (f)	[bɛ]
bayas (f pl)	**baies** (f pl)	[bɛ]
bebida (f) sin alcohol	**boisson** (f) **non alcoolisée**	[bwasɔ̃ nonalkɔlize]

bebidas (f pl) alcohólicas	**boissons** (f pl) **alcoolisées**	[bwasɔ̃ alkɔlize]
beicon (m)	**bacon** (m)	[bekɔn]
berenjena (f)	**aubergine** (f)	[obɛrʒin]
bistec (m)	**steak** (m)	[stɛk]
bocadillo (m)	**sandwich** (m)	[sɑ̃dwitʃ]
boleto (m) áspero	**bolet** (m) **bai**	[bɔlɛ bɛ]
boleto (m) castaño	**bolet** (m) **orangé**	[bɔlɛ ɔrɑ̃ʒe]
brócoli (m)	**brocoli** (m)	[brɔkɔli]
brema (f)	**brème** (f)	[brɛm]
cóctel (m)	**cocktail** (m)	[kɔktɛl]
caballa (f)	**maquereau** (m)	[makro]
cacahuete (m)	**cacahuète** (f)	[kakawɛt]
café (m)	**café** (m)	[kafe]
café (m) con leche	**café** (m) **au lait**	[kafe o lɛ]
café (m) solo	**café** (m) **noir**	[kafe nwar]
café (m) soluble	**café** (m) **soluble**	[kafe sɔlybl]
calabacín (m)	**courgette** (f)	[kurʒɛt]
calabaza (f)	**potiron** (m)	[pɔtirɔ̃]
calamar (m)	**calamar** (m)	[kalamar]
caldo (m)	**bouillon** (m)	[bujɔ̃]
caliente (adj)	**chaud** (adj)	[ʃo]
caloría (f)	**calorie** (f)	[kalɔri]
camarón (m)	**crevette** (f)	[krəvɛt]
camarera (f)	**serveuse** (f)	[sɛrvøz]
camarero (m)	**serveur** (m)	[sɛrvœr]
canela (f)	**cannelle** (f)	[kanɛl]
cangrejo (m) de mar	**crabe** (m)	[krab]
capuchino (m)	**cappuccino** (m)	[kaputʃino]
caramelo (m)	**bonbon** (m)	[bɔ̃bɔ̃]
carbohidratos (m pl)	**glucides** (m pl)	[glysid]
carne (f)	**viande** (f)	[vjɑ̃d]
carne (f) de carnero	**du mouton**	[dy mutɔ̃]
carne (f) de cerdo	**du porc**	[dy pɔr]
carne (f) de ternera	**du veau**	[dy vo]
carne (f) de vaca	**du bœuf**	[dy bœf]
carne (f) picada	**farce** (f)	[fars]
carpa (f)	**carpe** (f)	[karp]
carta (f) de vinos	**carte** (f) **des vins**	[kart de vɛ̃]
carta (f), menú (m)	**carte** (f)	[kart]
caviar (m)	**caviar** (m)	[kavjar]
caza (f) menor	**gibier** (m)	[ʒibje]
cebada (f)	**orge** (f)	[ɔrʒ]
cebolla (f)	**oignon** (m)	[ɔɲɔ̃]
cena (f)	**dîner** (m)	[dine]
centeno (m)	**seigle** (m)	[sɛgl]
cereal molido grueso	**gruau** (m)	[gryo]
cereales (m pl)	**céréales** (f pl)	[sereal]
cereza (f)	**merise** (f)	[məriz]
cerveza (f)	**bière** (f)	[bjɛr]
cerveza (f) negra	**bière** (f) **brune**	[bjɛr bryn]
cerveza (f) rubia	**bière** (f) **blonde**	[bjɛr blɔ̃d]

champaña (f)	**champagne** (m)	[ʃɑ̃paɲ]
chicle (m)	**gomme** (f) **à mâcher**	[gɔm ɑ mɑʃe]
chocolate (m)	**chocolat** (m)	[ʃɔkɔla]
cilantro (m)	**coriandre** (m)	[kɔrjɑ̃dr]
ciruela (f)	**prune** (f)	[pryn]
clara (f)	**blanc** (m) **d'œuf**	[blɑ̃ dœf]
clavo (m)	**clou** (m) **de girofle**	[klu də ʒirɔfl]
coñac (m)	**cognac** (m)	[kɔɲak]
cocido en agua (adj)	**cuit à l'eau** (adj)	[kɥitɑlo]
cocina (f)	**cuisine** (f)	[kɥizin]
col (f)	**chou** (m)	[ʃu]
col (f) de Bruselas	**chou** (m) **de Bruxelles**	[ʃu də brysɛl]
coliflor (f)	**chou-fleur** (m)	[ʃuflœr]
colmenilla (f)	**morille** (f)	[mɔrij]
comida (f)	**nourriture** (f)	[nurityr]
comino (m)	**cumin** (m)	[kymɛ̃]
con gas	**pétillante** (adj)	[petijɑ̃t]
con hielo	**avec de la glace**	[avɛk dəla glas]
condimento (m)	**condiment** (m)	[kɔ̃dimɑ̃]
conejo (m)	**lapin** (m)	[lapɛ̃]
confitura (f)	**confiture** (f)	[kɔ̃fityr]
confitura (f)	**confiture** (f)	[kɔ̃fityr]
congelado (adj)	**congelé** (adj)	[kɔ̃ʒle]
conservas (f pl)	**conserves** (f pl)	[kɔ̃sɛrv]
copa (f) de vino	**verre** (m) **à vin**	[vɛr ɑ vɛ̃]
copos (m pl) de maíz	**pétales** (m pl) **de maïs**	[petal də mais]
crema (f) de mantequilla	**crème** (f) **au beurre**	[krɛm o bœr]
crustáceos (m pl)	**crustacés** (m pl)	[krystase]
cuchara (f)	**cuillère** (f)	[kɥijɛr]
cuchara (f) de sopa	**cuillère** (f) **à soupe**	[kɥijɛr ɑ sup]
cucharilla (f)	**petite cuillère** (f)	[pətit kɥijɛr]
cuchillo (m)	**couteau** (m)	[kuto]
cuenta (f)	**addition** (f)	[adisjɔ̃]
dátil (m)	**datte** (f)	[dat]
de chocolate (adj)	**en chocolat** (adj)	[ɑ̃ ʃɔkɔla]
desayuno (m)	**petit déjeuner** (m)	[pəti deʒœne]
dieta (f)	**régime** (m)	[reʒim]
eneldo (m)	**fenouil** (m)	[fənuj]
ensalada (f)	**salade** (f)	[salad]
entremés (m)	**hors-d'œuvre** (m)	[ɔrdœvr]
espárrago (m)	**asperge** (f)	[aspɛrʒ]
espagueti (m)	**spaghettis** (m pl)	[spagɛti]
especia (f)	**épice** (f)	[epis]
espiga (f)	**épi** (m)	[epi]
espinaca (f)	**épinard** (m)	[epinar]
esturión (m)	**esturgeon** (m)	[ɛstyrʒɔ̃]
fletán (m)	**flétan** (m)	[fletɑ̃]
fréjol (m)	**haricot** (m)	[ariko]
frío (adj)	**froid** (adj)	[frwa]
frambuesa (f)	**framboise** (f)	[frɑ̃bwaz]
fresa (f)	**fraise** (f)	[frɛz]
fresa (f) silvestre	**fraise** (f) **des bois**	[frɛz de bwa]

frito (adj)	**frit** (adj)	[fri]
fruto (m)	**fruit** (m)	[frɥi]
gachas (f pl)	**bouillie** (f)	[buji]
galletas (f pl)	**biscuit** (m)	[biskɥi]
gallina (f)	**poulet** (m)	[pulɛ]
ganso (m)	**oie** (f)	[wa]
gaseoso (adj)	**gazeuse** (adj)	[gazøz]
ginebra (f)	**gin** (m)	[dʒin]
gofre (m)	**gaufre** (f)	[gofr]
granada (f)	**grenade** (f)	[grənad]
grano (m)	**grains** (m pl)	[grɛ̃]
grasas (f pl)	**lipides** (m pl)	[lipid]
grosella (f) espinosa	**groseille** (f) **verte**	[grozɛj vɛrt]
grosella (f) negra	**cassis** (m)	[kasis]
grosella (f) roja	**groseille** (f) **rouge**	[grozɛj ruʒ]
guarnición (f)	**garniture** (f)	[garnityr]
guinda (f)	**cerise** (f)	[səriz]
guisante (m)	**pois** (m)	[pwa]
hígado (m)	**foie** (m)	[fwa]
habas (f pl)	**fèves** (f pl)	[fɛv]
hamburguesa (f)	**hamburger** (m)	[ɑ̃bœrgœr]
harina (f)	**farine** (f)	[farin]
helado (m)	**glace** (f)	[glas]
hielo (m)	**glace** (f)	[glas]
higo (m)	**figue** (f)	[fig]
hoja (f) de laurel	**feuille** (f) **de laurier**	[fœj də lɔrje]
huevo (m)	**œuf** (m)	[œf]
huevos (m pl)	**les œufs**	[lezø]
huevos (m pl) fritos	**les œufs brouillés**	[lezø bruje]
jamón (m)	**jambon** (m)	[ʒɑ̃bɔ̃]
jamón (m) fresco	**cuisse** (f)	[kɥis]
jengibre (m)	**gingembre** (m)	[ʒɛ̃ʒɑ̃br]
jugo (m) de tomate	**jus** (m) **de tomate**	[ʒy də tɔmat]
kiwi (m)	**kiwi** (m)	[kiwi]
langosta (f)	**langoustine** (f)	[lɑ̃gustin]
leche (f)	**lait** (m)	[lɛ]
leche (f) condensada	**lait** (m) **condensé**	[lɛ kɔ̃dɑ̃se]
lechuga (f)	**laitue** (f), **salade** (f)	[lety], [salad]
legumbres (f pl)	**légumes** (m pl)	[legym]
lengua (f)	**langue** (f)	[lɑ̃g]
lenguado (m)	**flet** (m)	[flɛ]
lenteja (f)	**lentille** (f)	[lɑ̃tij]
licor (m)	**liqueur** (f)	[likœr]
limón (m)	**citron** (m)	[sitrɔ̃]
limonada (f)	**limonade** (f)	[limɔnad]
loncha (f)	**tranche** (f)	[trɑ̃ʃ]
lucio (m)	**brochet** (m)	[brɔʃɛ]
lucioperca (m)	**sandre** (f)	[sɑ̃dr]
maíz (m)	**maïs** (m)	[mais]
maíz (m)	**maïs** (m)	[mais]
macarrones (m pl)	**pâtes** (m pl)	[pɑt]
mandarina (f)	**mandarine** (f)	[mɑ̃darin]

mango (m)	**mangue** (f)	[mɑ̃g]
mantequilla (f)	**beurre** (m)	[bœr]
manzana (f)	**pomme** (f)	[pɔm]
margarina (f)	**margarine** (f)	[margarin]
marinado (adj)	**mariné** (adj)	[marine]
mariscos (m pl)	**fruits** (m pl) **de mer**	[frɥi də mɛr]
matamoscas (m)	**amanite** (f) **tue-mouches**	[amanit tymuʃ]
mayonesa (f)	**sauce** (f) **mayonnaise**	[sos majɔnɛz]
melón (m)	**melon** (m)	[məlɔ̃]
melocotón (m)	**pêche** (f)	[pɛʃ]
mermelada (f)	**marmelade** (f)	[marməlad]
miel (f)	**miel** (m)	[mjɛl]
miga (f)	**miette** (f)	[mjɛt]
mijo (m)	**millet** (m)	[mijɛ]
mondadientes (m)	**cure-dent** (m)	[kyrdɑ̃]
mostaza (f)	**moutarde** (f)	[mutard]
nabo (m)	**navet** (m)	[navɛ]
naranja (f)	**orange** (f)	[ɔrɑ̃ʒ]
nata (f) agria	**crème** (f) **aigre**	[krɛm ɛgr]
nata (f) líquida	**crème** (f)	[krɛm]
nuez (f)	**noix** (f)	[nwa]
nuez (f) de coco	**noix** (f) **de coco**	[nwa də kɔkɔ]
olivas (f pl)	**olives** (f pl)	[ɔliv]
oronja (f) verde	**oronge** (f) **verte**	[ɔrɔ̃ʒ vɛrt]
ostra (f)	**huître** (f)	[ɥitr]
páprika (f)	**paprika** (m)	[paprika]
pan (m)	**pain** (m)	[pɛ̃]
papaya (m)	**papaye** (f)	[papaj]
pasas (f pl)	**raisin** (m) **sec**	[rɛzɛ̃ sɛk]
pastel (m)	**gâteau** (m)	[gato]
pasteles (m pl)	**confiserie** (f)	[kɔ̃fizri]
paté (m)	**pâté** (m)	[pɑte]
patata (f)	**pomme** (f) **de terre**	[pɔm də tɛr]
pato (m)	**canard** (m)	[kanar]
pava (f)	**dinde** (f)	[dɛ̃d]
pedazo (m)	**morceau** (m)	[mɔrso]
pepino (m)	**concombre** (m)	[kɔ̃kɔ̃br]
pera (f)	**poire** (f)	[pwar]
perca (f)	**perche** (f)	[pɛrʃ]
perejil (m)	**persil** (m)	[pɛrsi]
pescado (m)	**poisson** (m)	[pwasɔ̃]
piel (f)	**peau** (f)	[po]
pimentón (m)	**poivron** (m)	[pwavrɔ̃]
pimienta (f) negra	**poivre** (m) **noir**	[pwavr nwar]
pimienta (f) roja	**poivre** (m) **rouge**	[pwavr ruʒ]
pistachos (m pl)	**pistaches** (f pl)	[pistaʃ]
pizza (f)	**pizza** (f)	[pidza]
platillo (m)	**soucoupe** (f)	[sukup]
plato (m)	**plat** (m)	[pla]
plato (m)	**assiette** (f)	[asjɛt]
pomelo (m)	**pamplemousse** (m)	[pɑ̃pləmus]
porción (f)	**portion** (f)	[pɔrsjɔ̃]

postre (m)	**dessert** (m)	[desɛr]
propina (f)	**pourboire** (m)	[purbwar]
proteínas (f pl)	**protéines** (f pl)	[prɔtein]
pudín (f)	**pudding** (m)	[pudiŋ]
puré (m) de patatas	**purée** (f)	[pyre]
queso (m)	**fromage** (m)	[frɔmaʒ]
rábano (m)	**radis** (m)	[radi]
rábano (m) picante	**raifort** (m)	[rɛfɔr]
rúsula (f)	**russule** (f)	[rysyl]
rebozuelo (m)	**girolle** (f)	[ʒirɔl]
receta (f)	**recette** (f)	[rəsɛt]
refresco (m)	**rafraîchissement** (m)	[rafrɛʃismɑ̃]
regusto (m)	**arrière-goût** (m)	[arjɛrgu]
relleno (m)	**garniture** (f)	[garnityr]
remolacha (f)	**betterave** (f)	[bɛtrav]
ron (m)	**rhum** (m)	[rɔm]
sésamo (m)	**sésame** (m)	[sezam]
sabor (m)	**goût** (m)	[gu]
sabroso (adj)	**bon** (adj)	[bɔ̃]
sacacorchos (m)	**tire-bouchon** (m)	[tirbuʃɔ̃]
sal (f)	**sel** (m)	[sɛl]
salado (adj)	**salé** (adj)	[sale]
salchichón (m)	**saucisson** (m)	[sosisɔ̃]
salchicha (f)	**saucisse** (f)	[sosis]
salmón (m)	**saumon** (m)	[somɔ̃]
salmón (m) del Atlántico	**saumon** (m) **atlantique**	[somɔ̃ atlɑ̃tik]
salsa (f)	**sauce** (f)	[sos]
sandía (f)	**pastèque** (f)	[pastɛk]
sardina (f)	**sardine** (f)	[sardin]
seco (adj)	**sec** (adj)	[sɛk]
seta (f)	**champignon** (m)	[ʃɑ̃piɲɔ̃]
seta (f) comestible	**champignon** (m) **comestible**	[ʃɑ̃piɲɔ̃ kɔmɛstibl]
seta (f) venenosa	**champignon** (m) **vénéneux**	[ʃɑ̃piɲɔ̃ venenø]
seta calabaza (f)	**cèpe** (m)	[sɛp]
siluro (m)	**silure** (m)	[silyr]
sin alcohol	**sans alcool**	[sɑ̃ zalkɔl]
sin gas	**plate** (adj)	[plat]
sopa (f)	**soupe** (f)	[sup]
soya (f)	**soja** (m)	[sɔʒa]
té (m)	**thé** (m)	[te]
té (m) negro	**thé** (m) **noir**	[te nwar]
té (m) verde	**thé** (m) **vert**	[te vɛr]
tallarines (m pl)	**nouilles** (f pl)	[nuj]
tarta (f)	**gâteau** (m)	[gato]
tarta (f)	**tarte** (f)	[tart]
taza (f)	**tasse** (f)	[tɑs]
tenedor (m)	**fourchette** (f)	[furʃɛt]
tiburón (m)	**requin** (m)	[rəkɛ̃]
tomate (m)	**tomate** (f)	[tɔmat]
tortilla (f) francesa	**omelette** (f)	[ɔmlɛt]

trigo (m)	**blé** (m)	[ble]
trucha (f)	**truite** (f)	[trɥit]
uva (f)	**raisin** (m)	[rɛzɛ̃]
vaso (m)	**verre** (m)	[vɛr]
vegetariano (adj)	**végétarien** (adj)	[veʒetarjɛ̃]
vegetariano (m)	**végétarien** (m)	[veʒetarjɛ̃]
verduras (f pl)	**verdure** (f)	[vɛrdyr]
vermú (m)	**vermouth** (m)	[vɛrmut]
vinagre (m)	**vinaigre** (m)	[vinɛgr]
vino (m)	**vin** (m)	[vɛ̃]
vino (m) blanco	**vin** (m) **blanc**	[vɛ̃ blɑ̃]
vino (m) tinto	**vin** (m) **rouge**	[vɛ̃ ruʒ]
vitamina (f)	**vitamine** (f)	[vitamin]
vodka (m)	**vodka** (f)	[vɔdka]
whisky (m)	**whisky** (m)	[wiski]
yema (f)	**jaune** (m) **d'œuf**	[ʒon dœf]
yogur (m)	**yogourt** (m)	[jaurt]
zanahoria (f)	**carotte** (f)	[karɔt]
zarzamoras (f pl)	**mûre** (f)	[myr]
zumo (m) de naranja	**jus** (m) **d'orange**	[ʒy dɔrɑ̃ʒ]
zumo (m) fresco	**jus** (m) **pressé**	[ʒy prese]
zumo (m), jugo (m)	**jus** (m)	[ʒy]

Francés-Español glosario gastronómico

épi (m)	[epi]	espiga (f)
épice (f)	[epis]	especia (f)
épinard (m)	[epinar]	espinaca (f)
œuf (m)	[œf]	huevo (m)
abricot (m)	[abriko]	albaricoque (m)
addition (f)	[adisjɔ̃]	cuenta (f)
ail (m)	[aj]	ajo (m)
airelle (f) **rouge**	[ɛrɛl ruʒ]	arándano (m) rojo
amande (f)	[amɑ̃d]	almendra (f)
amanite (f) **tue-mouches**	[amanit tymuʃ]	matamoscas (m)
amer (adj)	[amɛr]	amargo (adj)
ananas (m)	[anana]	ananás (m)
anguille (f)	[ɑ̃gij]	anguila (f)
anis (m)	[ani(s)]	anís (m)
apéritif (m)	[aperitif]	aperitivo (m)
appétit (m)	[apeti]	apetito (m)
arrière-goût (m)	[arjɛrgu]	regusto (m)
artichaut (m)	[artiʃo]	alcachofa (f)
asperge (f)	[aspɛrʒ]	espárrago (m)
assiette (f)	[asjɛt]	plato (m)
aubergine (f)	[obɛrʒin]	berenjena (f)
avec de la glace	[avɛk dəla glas]	con hielo
avocat (m)	[avɔka]	aguacate (m)
avoine (f)	[avwan]	avena (f)
bacon (m)	[bekɔn]	beicon (m)
baie (f)	[bɛ]	baya (f)
baies (f pl)	[bɛ]	bayas (f pl)
banane (f)	[banan]	banana (f)
bar (m)	[bar]	bar (m)
barman (m)	[barman]	barman (m)
basilic (m)	[bazilik]	albahaca (f)
betterave (f)	[bɛtrav]	remolacha (f)
beurre (m)	[bœr]	mantequilla (f)
bière (f)	[bjɛr]	cerveza (f)
bière (f) **blonde**	[bjɛr blɔ̃d]	cerveza (f) rubia
bière (f) **brune**	[bjɛr bryn]	cerveza (f) negra
biscuit (m)	[biskɥi]	galletas (f pl)
blé (m)	[ble]	trigo (m)
blanc (m) **d'œuf**	[blɑ̃ dœf]	clara (f)
boisson (f) **non alcoolisée**	[bwasɔ̃ nonalkɔlize]	bebida (f) sin alcohol
boissons (f pl) **alcoolisées**	[bwasɔ̃ alkɔlize]	bebidas (f pl) alcohólicas
bolet (m) **bai**	[bɔlɛ bɛ]	boleto (m) áspero

bolet (m) **orangé**	[bɔlɛ ɔrɑ̃ʒe]	boleto (m) castaño
bon (adj)	[bɔ̃]	sabroso (adj)
Bon appétit!	[bɔn apeti]	¡Que aproveche!
bonbon (m)	[bɔ̃bɔ̃]	caramelo (m)
bouillie (f)	[buji]	gachas (f pl)
bouillon (m)	[bujɔ̃]	caldo (m)
brème (f)	[brɛm]	brema (f)
brochet (m)	[brɔʃɛ]	lucio (m)
brocoli (m)	[brɔkɔli]	brócoli (m)
cèpe (m)	[sɛp]	seta calabaza (f)
céleri (m)	[sɛlri]	apio (m)
céréales (f pl)	[sereal]	cereales (m pl)
cacahuète (f)	[kakawɛt]	cacahuete (m)
café (m)	[kafe]	café (m)
café (m) **au lait**	[kafe o lɛ]	café (m) con leche
café (m) **noir**	[kafe nwar]	café (m) solo
café (m) **soluble**	[kafe sɔlybl]	café (m) soluble
calamar (m)	[kalamar]	calamar (m)
calorie (f)	[kalɔri]	caloría (f)
canard (m)	[kanar]	pato (m)
canneberge (f)	[kanbɛrʒ]	arándano (m) agrio
cannelle (f)	[kanɛl]	canela (f)
cappuccino (m)	[kaputʃino]	capuchino (m)
carotte (f)	[karɔt]	zanahoria (f)
carpe (f)	[karp]	carpa (f)
carte (f)	[kart]	carta (f), menú (m)
carte (f) **des vins**	[kart de vɛ̃]	carta (f) de vinos
cassis (m)	[kasis]	grosella (f) negra
caviar (m)	[kavjar]	caviar (m)
cerise (f)	[səriz]	guinda (f)
champagne (m)	[ʃɑ̃paɲ]	champaña (f)
champignon (m)	[ʃɑ̃piɲɔ̃]	seta (f)
champignon (m) **comestible**	[ʃɑ̃piɲɔ̃ kɔmɛstibl]	seta (f) comestible
champignon (m) **vénéneux**	[ʃɑ̃piɲɔ̃ venenø]	seta (f) venenosa
chaud (adj)	[ʃo]	caliente (adj)
chocolat (m)	[ʃɔkɔla]	chocolate (m)
chou (m)	[ʃu]	col (f)
chou (m) **de Bruxelles**	[ʃu də brysɛl]	col (f) de Bruselas
chou-fleur (m)	[ʃuflœr]	coliflor (f)
citron (m)	[sitrɔ̃]	limón (m)
clou (m) **de girofle**	[klu də ʒirɔfl]	clavo (m)
cocktail (m)	[kɔktɛl]	cóctel (m)
cocktail (m) **au lait**	[kɔktɛl o lɛ]	batido (m)
cognac (m)	[kɔɲak]	coñac (m)
concombre (m)	[kɔ̃kɔ̃br]	pepino (m)
condiment (m)	[kɔ̃dimɑ̃]	condimento (m)
confiserie (f)	[kɔ̃fizri]	pasteles (m pl)
confiture (f)	[kɔ̃fityr]	confitura (f)
confiture (f)	[kɔ̃fityr]	confitura (f)
congelé (adj)	[kɔ̃ʒle]	congelado (adj)

conserves (f pl)	[kɔ̃sɛrv]	conservas (f pl)
coriandre (m)	[kɔrjɑ̃dr]	cilantro (m)
courgette (f)	[kurʒɛt]	calabacín (m)
couteau (m)	[kuto]	cuchillo (m)
crème (f)	[krɛm]	nata (f) líquida
crème (f) **aigre**	[krɛm ɛgr]	nata (f) agria
crème (f) **au beurre**	[krɛm o bœr]	crema (f) de mantequilla
crabe (m)	[krab]	cangrejo (m) de mar
crevette (f)	[krəvɛt]	camarón (m)
crustacés (m pl)	[krystase]	crustáceos (m pl)
cuillère (f)	[kɥijɛr]	cuchara (f)
cuillère (f) **à soupe**	[kɥijɛr ɑ sup]	cuchara (f) de sopa
cuisine (f)	[kɥizin]	cocina (f)
cuisse (f)	[kɥis]	jamón (m) fresco
cuit à l'eau (adj)	[kɥitɑlo]	cocido en agua (adj)
cumin (m)	[kymɛ̃]	comino (m)
cure-dent (m)	[kyrdɑ̃]	mondadientes (m)
déjeuner (m)	[deʒœne]	almuerzo (m)
dîner (m)	[dine]	cena (f)
datte (f)	[dat]	dátil (m)
dessert (m)	[desɛr]	postre (m)
dinde (f)	[dɛ̃d]	pava (f)
du bœuf	[dy bœf]	carne (f) de vaca
du mouton	[dy mutɔ̃]	carne (f) de carnero
du porc	[dy pɔr]	carne (f) de cerdo
du veau	[dy vo]	carne (f) de ternera
eau (f)	[o]	agua (f)
eau (f) **minérale**	[o mineral]	agua (f) mineral
eau (f) **potable**	[o pɔtabl]	agua (f) potable
en chocolat (adj)	[ɑ̃ ʃɔkɔla]	de chocolate (adj)
esturgeon (m)	[ɛstyrʒɔ̃]	esturión (m)
fèves (f pl)	[fɛv]	habas (f pl)
farce (f)	[fars]	carne (f) picada
farine (f)	[farin]	harina (f)
fenouil (m)	[fənuj]	eneldo (m)
feuille (f) **de laurier**	[fœj də lɔrje]	hoja (f) de laurel
figue (f)	[fig]	higo (m)
flétan (m)	[fletɑ̃]	fletán (m)
flet (m)	[flɛ]	lenguado (m)
foie (m)	[fwa]	hígado (m)
fourchette (f)	[furʃɛt]	tenedor (m)
fraise (f)	[frɛz]	fresa (f)
fraise (f) **des bois**	[frɛz de bwa]	fresa (f) silvestre
framboise (f)	[frɑ̃bwaz]	frambuesa (f)
frit (adj)	[fri]	frito (adj)
froid (adj)	[frwa]	frío (adj)
fromage (m)	[frɔmaʒ]	queso (m)
fruit (m)	[frɥi]	fruto (m)
fruits (m pl) **de mer**	[frɥi də mɛr]	mariscos (m pl)
fumé (adj)	[fyme]	ahumado (adj)
gâteau (m)	[gato]	tarta (f)
gâteau (m)	[gato]	pastel (m)

garniture (f)	[garnityr]	relleno (m)
garniture (f)	[garnityr]	guarnición (f)
gaufre (f)	[gofr]	gofre (m)
gazeuse (adj)	[gazøz]	gaseoso (adj)
gibier (m)	[ʒibje]	caza (f) menor
gin (m)	[dʒin]	ginebra (f)
gingembre (m)	[ʒɛ̃ʒɑ̃br]	jengibre (m)
girolle (f)	[ʒirɔl]	rebozuelo (m)
glace (f)	[glas]	hielo (m)
glace (f)	[glas]	helado (m)
glucides (m pl)	[glysid]	carbohidratos (m pl)
goût (m)	[gu]	sabor (m)
gomme (f) **à mâcher**	[gɔm ɑ mɑʃe]	chicle (m)
grains (m pl)	[grɛ̃]	grano (m)
grenade (f)	[grənad]	granada (f)
groseille (f) **rouge**	[grozɛj ruʒ]	grosella (f) roja
groseille (f) **verte**	[grozɛj vɛrt]	grosella (f) espinosa
gruau (m)	[gryo]	cereal molido grueso
hamburger (m)	[ɑ̃bœrgœr]	hamburguesa (f)
hareng (m)	[arɑ̃]	arenque (m)
haricot (m)	[ariko]	fréjol (m)
hors-d'œuvre (m)	[ɔrdœvr]	entremés (m)
huître (f)	[ɥitr]	ostra (f)
huile (f) **d'olive**	[ɥil dɔliv]	aceite (m) de oliva
huile (f) **de tournesol**	[ɥil də turnəsɔl]	aceite (m) de girasol
huile (f) **végétale**	[ɥil veʒetal]	aceite (m) vegetal
jambon (m)	[ʒɑ̃bɔ̃]	jamón (m)
jaune (m) **d'œuf**	[ʒon dœf]	yema (f)
jus (m)	[ʒy]	zumo (m), jugo (m)
jus (m) **d'orange**	[ʒy dɔrɑ̃ʒ]	zumo (m) de naranja
jus (m) **de tomate**	[ʒy də tɔmat]	jugo (m) de tomate
jus (m) **pressé**	[ʒy prese]	zumo (m) fresco
kiwi (m)	[kiwi]	kiwi (m)
légumes (m pl)	[legym]	legumbres (f pl)
lait (m)	[lɛ]	leche (f)
lait (m) **condensé**	[lɛ kɔ̃dɑ̃se]	leche (f) condensada
laitue (f), **salade** (f)	[lety], [salad]	lechuga (f)
langoustine (f)	[lɑ̃gustin]	langosta (f)
langue (f)	[lɑ̃g]	lengua (f)
lapin (m)	[lapɛ̃]	conejo (m)
lentille (f)	[lɑ̃tij]	lenteja (f)
les œufs	[lezø]	huevos (m pl)
les œufs brouillés	[lezø bruje]	huevos (m pl) fritos
limonade (f)	[limɔnad]	limonada (f)
lipides (m pl)	[lipid]	grasas (f pl)
liqueur (f)	[likœr]	licor (m)
mûre (f)	[myr]	zarzamoras (f pl)
maïs (m)	[mais]	maíz (m)
maïs (m)	[mais]	maíz (m)
mandarine (f)	[mɑ̃darin]	mandarina (f)
mangue (f)	[mɑ̃g]	mango (m)
maquereau (m)	[makro]	caballa (f)

margarine (f)	[margarin]	margarina (f)
mariné (adj)	[marine]	marinado (adj)
marmelade (f)	[marməlad]	mermelada (f)
melon (m)	[məlɔ̃]	melón (m)
merise (f)	[məriz]	cereza (f)
miel (m)	[mjɛl]	miel (f)
miette (f)	[mjɛt]	miga (f)
millet (m)	[mijɛ]	mijo (m)
morceau (m)	[mɔrso]	pedazo (m)
morille (f)	[mɔrij]	colmenilla (f)
morue (f)	[mɔry]	bacalao (m)
moutarde (f)	[mutard]	mostaza (f)
myrtille (f)	[mirtij]	arándano (m)
navet (m)	[navɛ]	nabo (m)
noisette (f)	[nwazɛt]	avellana (f)
noix (f)	[nwa]	nuez (f)
noix (f) **de coco**	[nwa də kɔkɔ]	nuez (f) de coco
nouilles (f pl)	[nuj]	tallarines (m pl)
nourriture (f)	[nurityr]	comida (f)
oie (f)	[wa]	ganso (m)
oignon (m)	[ɔɲɔ̃]	cebolla (f)
olives (f pl)	[ɔliv]	olivas (f pl)
omelette (f)	[ɔmlɛt]	tortilla (f) francesa
orange (f)	[ɔrɑ̃ʒ]	naranja (f)
orge (f)	[ɔrʒ]	cebada (f)
oronge (f) **verte**	[ɔrɔ̃ʒ vɛrt]	oronja (f) verde
ouvre-boîte (m)	[uvrəbwat]	abrelatas (m)
ouvre-bouteille (m)	[uvrəbutɛj]	abrebotellas (m)
pâté (m)	[pɑte]	paté (m)
pâtes (m pl)	[pɑt]	macarrones (m pl)
pétales (m pl) **de maïs**	[petal də mais]	copos (m pl) de maíz
pétillante (adj)	[petijɑ̃t]	con gas
pêche (f)	[pɛʃ]	melocotón (m)
pain (m)	[pɛ̃]	pan (m)
pamplemousse (m)	[pɑ̃pləmus]	pomelo (m)
papaye (f)	[papaj]	papaya (m)
paprika (m)	[paprika]	páprika (f)
pastèque (f)	[pastɛk]	sandía (f)
peau (f)	[po]	piel (f)
perche (f)	[pɛrʃ]	perca (f)
persil (m)	[pɛrsi]	perejil (m)
petit déjeuner (m)	[pəti deʒœne]	desayuno (m)
petite cuillère (f)	[pətit kɥijɛr]	cucharilla (f)
pistaches (f pl)	[pistaʃ]	pistachos (m pl)
pizza (f)	[pidza]	pizza (f)
plat (m)	[pla]	plato (m)
plate (adj)	[plat]	sin gas
poire (f)	[pwar]	pera (f)
pois (m)	[pwa]	guisante (m)
poisson (m)	[pwasɔ̃]	pescado (m)
poivre (m) **noir**	[pwavr nwar]	pimienta (f) negra
poivre (m) **rouge**	[pwavr ruʒ]	pimienta (f) roja

poivron (m)	[pwavrɔ̃]	pimentón (m)
pomme (f)	[pɔm]	manzana (f)
pomme (f) **de terre**	[pɔm də tɛr]	patata (f)
portion (f)	[pɔrsjɔ̃]	porción (f)
potiron (m)	[pɔtirɔ̃]	calabaza (f)
poulet (m)	[pulɛ]	gallina (f)
pourboire (m)	[purbwar]	propina (f)
protéines (f pl)	[prɔtein]	proteínas (f pl)
prune (f)	[pryn]	ciruela (f)
pudding (m)	[pudiŋ]	pudín (f)
purée (f)	[pyre]	puré (m) de patatas
régime (m)	[reʒim]	dieta (f)
radis (m)	[radi]	rábano (m)
rafraîchissement (m)	[rafrɛʃismɑ̃]	refresco (m)
raifort (m)	[rɛfɔr]	rábano (m) picante
raisin (m)	[rɛzɛ̃]	uva (f)
raisin (m) **sec**	[rɛzɛ̃ sɛk]	pasas (f pl)
recette (f)	[rəsɛt]	receta (f)
requin (m)	[rəkɛ̃]	tiburón (m)
rhum (m)	[rɔm]	ron (m)
riz (m)	[ri]	arroz (m)
russule (f)	[rysyl]	rúsula (f)
sésame (m)	[sezam]	sésamo (m)
safran (m)	[safrɑ̃]	azafrán (m)
salé (adj)	[sale]	salado (adj)
salade (f)	[salad]	ensalada (f)
sandre (f)	[sɑ̃dr]	lucioperca (m)
sandwich (m)	[sɑ̃dwitʃ]	bocadillo (m)
sans alcool	[sɑ̃ zalkɔl]	sin alcohol
sardine (f)	[sardin]	sardina (f)
sarrasin (m)	[sarazɛ̃]	alforfón (m)
sauce (f)	[sos]	salsa (f)
sauce (f) **mayonnaise**	[sos majɔnɛz]	mayonesa (f)
saucisse (f)	[sosis]	salchicha (f)
saucisson (m)	[sosisɔ̃]	salchichón (m)
saumon (m)	[somɔ̃]	salmón (m)
saumon (m) **atlantique**	[somɔ̃ atlɑ̃tik]	salmón (m) del Atlántico
sec (adj)	[sɛk]	seco (adj)
seigle (m)	[sɛgl]	centeno (m)
sel (m)	[sɛl]	sal (f)
serveur (m)	[sɛrvœr]	camarero (m)
serveuse (f)	[sɛrvøz]	camarera (f)
silure (m)	[silyr]	siluro (m)
soja (m)	[sɔʒa]	soya (f)
soucoupe (f)	[sukup]	platillo (m)
soupe (f)	[sup]	sopa (f)
spaghettis (m pl)	[spagɛti]	espagueti (m)
steak (m)	[stɛk]	bistec (m)
sucré (adj)	[sykre]	azucarado, dulce (adj)
sucre (m)	[sykr]	azúcar (m)
tarte (f)	[tart]	tarta (f)
tasse (f)	[tɑs]	taza (f)

thé (m)	[te]	té (m)
thé (m) **noir**	[te nwar]	té (m) negro
thé (m) **vert**	[te vɛr]	té (m) verde
thon (m)	[tɔ̃]	atún (m)
tire-bouchon (m)	[tirbuʃɔ̃]	sacacorchos (m)
tomate (f)	[tɔmat]	tomate (m)
tranche (f)	[trɑ̃ʃ]	loncha (f)
truite (f)	[trɥit]	trucha (f)
végétarien (adj)	[veʒetarjɛ̃]	vegetariano (adj)
végétarien (m)	[veʒetarjɛ̃]	vegetariano (m)
verdure (f)	[vɛrdyr]	verduras (f pl)
vermouth (m)	[vɛrmut]	vermú (m)
verre (m)	[vɛr]	vaso (m)
verre (m) **à vin**	[vɛr ɑ vɛ̃]	copa (f) de vino
viande (f)	[vjɑ̃d]	carne (f)
vin (m)	[vɛ̃]	vino (m)
vin (m) **blanc**	[vɛ̃ blɑ̃]	vino (m) blanco
vin (m) **rouge**	[vɛ̃ ruʒ]	vino (m) tinto
vinaigre (m)	[vinɛgr]	vinagre (m)
vitamine (f)	[vitamin]	vitamina (f)
vodka (f)	[vɔdka]	vodka (m)
whisky (m)	[wiski]	whisky (m)
yogourt (m)	[jaurt]	yogur (m)

CPSIA information can be obtained
at www.ICGtesting.com
Printed in the USA
LVHW082303290419
616042LV00021B/885/P